멀티어십

21세기 통섭형 인재의 뉴 패러다임

멀티어십

Multiership

· 조관일 지음 ·

21세기북스

" 20세기가 전문가의 시대였다면
21세기는 통합의 시대다.
이제 어느 것 하나만 잘하는 것으로는
살아남기 어렵다.
앞으로 지식사회를 선도해갈 인재들은
전문가들이 간과한 지식 대통합을 통해
분야를 넘나드는 창조적 사고를 해야 한다. "

이제는 멀티어십이다

직장인들의 자기계발을 도와주는 것이 제 일입니다. 그 일을 위해 책을 쓰고 강의합니다. 2010년 '조관일 창의경영연구소' 문을 연 이후에는 그 일에 대해 관심과 집념이 더 강해졌습니다.

'어떻게 하면 직장인들 마음에 딱 와 닿는 조언을 해드릴 수 있을까?'

그것이 최대 관심사입니다. 제 머릿속은 늘 그런 생각으로 꽉 차 있습니다. 어느 날 흥미 있는 생각 한 가닥이 떠올랐습니다.

'엄청나게 많은 자기계발서와 조언이 있다. 그런데 정작 우리 시대 직장인이 마음에 담아야 할 기준과 방향은 뭐지?'

그런 생각이었습니다.

당신은 어떤 직장인이 되려 합니까

강의를 하거나 책을 쓰는 사람들이 직장인들에게 권하는 자기계발 주제는 몇 가지로 분류할 수 있습니다. 생각보다 많지 않습니다. 가장 흔한 것이 변화와 혁신에 관한 것입니다. 그다음으로 리더십과 팔로어십에 관한 것이 이어집니다. 꿈, 긍정, 창의, 실행도 많이 등장합니다. 화술이나 매너처럼 실무적 주제도 있지요. 요즘에는 힐링과 건강이 유행입니다.

한번 살펴보세요. 다른 주제가 있을까요? 유혹적인 제목들을 달고 있지만 대략 그 범주에 속하는 책이 무수히 쏟아져 나옵니다. 직장인들에게 강의와 교육 주제로도 제공됩니다. 그런데 그 주제들은 직장인이 추구해야 할 일부거나 너무 포괄적입니다. 막연하기까지 합니다. 특정한 책 제목을 가리키는 것은 아니지만 '자기를 혁신하자' '긍정으로 생각하자'라는 주제가 있다고 해보죠. 너무 포괄적입니다. 또 리더십과 창의 등에 초점을 맞춘다면 직장인이 갖춰야 할 일부밖에 되지 않습니다.

그렇다면 직장생활에서 기준으로 삼을 딱 한 가지 좋은 '덕목'이 없을까? 그 질문을 스스로 던지며 많은 생각을 했습니다. 그리고 강의를 할 때 많은 직장인에게 물어봤습니다.

"직장인으로서 당신의 모토는 무엇입니까? 어떤 직장인이 되려고 합니까?"

대답들이 옹색합니다. 돌아오는 답변은 거의 이런 식입니다.

"성실한 사람이 되겠다."

"글로벌 인재가 되겠다."

"리더십을 발휘하겠다."

"최선이 내 모토다."

전부 애매모호합니다. 한 단어로 똑 부러지게 말하지 못합니다.

"통섭형 인재가 되겠다."

그 답변도 애매모호하기는 마찬가지입니다. 서술형이라는 말입니다. 그래서 저는 한 단어로 표현할 수 있는 직장인의 기준, 모토, 덕목을 찾으려 했습니다.

사실 아직까지 적절한 용어를 찾지 못했다는 것이 이상한 일입니다. "종야 통곡에 부지不知 하何 마누라 상사"라는 말이 있습니다. 밤새도록 통곡하다가 "어느 마누라가 죽었느냐?"고 묻는다는 옛말입니다. 지금까지 꾸준히 책을 쓰고 강의를 해왔으면서도 저는 이처럼 근본적인 것을 놓치고 있었습니다. 직장인들도 마찬가지입니다. 나름대로 분명한 기준, 모토, 덕목이 없이 지금까지 직장생활을 해왔다는 말이 되니까요.

뒤늦은 깨달음이었습니다. 적잖이 놀랐습니다. 막상 우리 직장인에게 가장 중요한 것, 다시 말해 '어떤 직장인이 될 것인지'에 대해 분명한 기준을 제시한 이론과 책이 거의 없으니 말입니다. 설령 그런 것이 있더라도 시대상을 반영하지 못합니다. 외국 것이 아닌 토종(?) 논리와 화두는 더욱 찾기 어렵습니다. 그렇게 오랜 궁리 끝에 건져낸 것이 바로 '멀티어'와 '멀티어십'입니다.

메가트렌드 '멀티'

세상이 급변하고 있습니다. 요즘은 '융복합' '통섭'이 새롭게 시대적 화두로 떠올랐습니다. 학계는 물론이고 정치권에서조차 '융복합'을 말하고 '통섭' 운운합니다. 이것이 메가트렌드입니다.

잘 아시는 바와 같이 메가트렌드란 1982년 미국의 미래학자 존 네이스비츠가 저술한 베스트셀러 『메가트렌드』에서 비롯한 용어입니다. 현대사회에서 일어나는 거대한 조류를 의미합니다. 그 책에서 그가 말한 미래 예측 외에도 많은 미래학자가 앞날의 트렌드를 연구해 발표하고 있습니다.

유엔미래포럼의 박영숙 대표는 『당신의 성공을 위한 미래뉴스』에서 미래에 일어날 여러 흐름을 밝혔습니다. 그중에서 우리 직장인이 마음에 담아야 할 것 하나를 소개합니다. 2025년 이후에는 직장인들이 은퇴할 때까지 평균 39개의 일자리를 옮겨 다니며 프리랜서나 프로젝트 계약직으로 일하게 될 것이라고 합니다. 그러기에 자기 일에 필요한 지식이나 경험을 쌓는 것이 매우 중요하며 새로운 것과 여러 분야에 조금씩 경험을 가진 '멀티플레이어'가 트렌드가 될 것이라고 합니다.[1]

또 디자이너인 클레멘트 목Clement Mok은 이렇게 말했습니다.

"향후 10년 동안 사람들은 자신의 전문 분야와는 완전히 다른 새로운 영역으로 경계를 넘어 생각하고 일하도록 요구받을 것이다. 우리는 이런 경계를 넘어야 할 뿐 아니라 기회를 규명하고 서로 다른 분야 사이에 관계를 맺을 수 있어야 한다. 또한 다중 렌즈를 통해 문제를 바라봐야 할 뿐 아니라 다중 모드에서 일하고 훈련할 수 있는 능력도 갖춰야 한다."[2]

결론적으로 미래의 메가트렌드는 '멀티'라는 말입니다. 그러나 그것은 결코 2025년 이후나 10년 후에 일어날 미래의 일이 아닙니다. 미국 작가 윌리엄 깁슨William Gibson의 말대로 미래는 이미 와 있습니다. 단지 널리 퍼져 있지 않을 뿐입니다("The future is already here. It's just unevenly distributed.").[3]

이런 때 우리 직장인이 추구해야 할 새로운 역량과 패러다임은 무엇일까요? 그것을 한마디 단어로 만들어 여러분에게 내놓은 것이 '멀티어·멀티어십'입니다. '멀티어십'은 직장인들이 따라가기 버겁거나 뜬구름 잡는 거창한 이론이 아닙니다. 많은 강의를 하고 경영자들을 만나면서 알게 되고 깨닫게 된 단순 소박한 명제입니다. 앞으로 제 나름의 논리를 구성해 여러분께 제시하면서 이를 상세히 다루겠습니다.

회사나 경영자들이 조직원들에게 바라는 것은 단순하고 소박합니다. 공식 설문조사라면 경영자들은 융복합형 인재, 창의 인재, 사명감, 도전정신 등 교과서적 요구와 희망을 내놓습니다. 하지만 내심으로 바라는 인재상은 따로 있습니다. '언제 어디서 어떤 일을 맡기든지 제대로 해낼 능력과 정신을 가진 사람'입니다. 전천후 요격기의 멀티 역량과 특공대원 같이 강인한 정신력을 갖춘 인재, 바로 멀티어입니다. 가장 현실적인 인재상이자 사원들에게 절실히 원하는 것입니다. 그래서 경영자들이 "똑똑한 사람은 많지만 쓸 만한 사람은 없다"는 말을 많이 합니다. 이 책에서 앞으로 다룰 '멀티어' '멀티어십'은 과연 어떤 조건을 갖추면 쓸 만한 사람이 될지 그 현실적 '바람'을 반영한 것입니다.

멀티어십은 종적縱的으로는 리더십과 팔로어십을, 횡적橫的으로는 스페셜리스트와 제너럴리스트를 융복합(통섭)한 것입니다. 시간적으로는 현재(지금 하는 일)에서 미래(나중에 하게 될 일)를 준비하는 것입니다. 저는 이 멀티어십이 새로운 시대에 직장인들이 지향해야 할 새로운 목표이자 가치라고 확신합니다.

기업교육에 가장 효과적인 개념

특히 이 개념은 기업에서 적용하기에 매우 좋습니다. 리더십을 배운다고 금방 대단한 리더가 되는 것은 아닙니다. 팔로어십을 훈련받았다고 금방 좋은 부하직원이 되는 것도 아닙니다. 그런데 멀티어십을 교육시키면 그 용어를 접한 순간부터 교육 효과가 나타납니다. 직원들은 회사가 언제 어떤 임무를 부여하든 일단 긍정하고 수용하는 자세로 변한다는 말입니다. 멀티 역량을 갖추는 것은 더 많은 시간이 필요합니다. 하지만 적어도 회사 임무를 긍정적으로 수용하는 자세만큼은 효과가 즉각 나타납니다. 이 점이 멀티어십의 최대 강점이라고 감히 자신합니다.

자, 이제부터는 멀티어십입니다. 이것은 새로운 시대에 맞는 새로운 기준입니다. 뉴 패러다임입니다. 그것을 적극 받아들여 탁월하게 일 잘하고 조직이 아끼는 멀티어가 되기를 바랍니다. 리더든 팔로어든, 언제 어디서 무엇을 하든 말입니다.

* 원래 멀티어십 이론은 2011년 11월에 발표했습니다. 그 후 이론을 다듬고 내용을 대폭 수정해 다시 내놓습니다. 특히 이론체계 정립에 큰 도움을 주신 한양대학교 유명만 교수님께 깊이 감사를 드립니다.

2013년 3월 조관일

01

회사는
어떤 인재를
원하는가

신인재
'멀티어'

학식이 풍부한 어느 철학자가 강을 건너려고 나룻배를 탔다. 노를 젓는 남루한 차림의 뱃사공을 물끄러미 바라보다가 깔보듯이 물었다.

"당신, 철학을 배워봤소?"

철학자의 물음에 뱃사공이 머리를 가로저으며 대답했다.

"저는 철학을 공부하지 못했습니다."

그러자 철학자가 빈정거리듯이 말했다.

"한심한 사람이군. 자네는 인생의 3분의 1을 헛산 것이야."

잠시 후 철학자는 또다시 뱃사공에게 질문했다.

"그렇다면 문학에 대해서는 공부를 해봤소?"

뱃사공이 대답했다.

"공부할 여력이 없어 문학을 배우지 못했습니다."

그러자 철학자는 뱃사공에게 훈계하듯 말했다.

"그렇다면 인생의 3분의 2를 헛산 것이야."

그런데 나룻배가 강의 중간쯤을 건너갈 무렵 갑자기 배 밑바닥 틈새로 물이 들어왔다. 배가 기우뚱거리며 가라앉으려는 것이 아닌가.

"아니, 이 배가 왜 이런가?"

당황하는 철학자의 물음에 사공은 느긋하게 대답했다.

"아무래도 배가 침몰할 것 같습니다."

"아니, 그럼 어쩌면 좋은가?"

목숨의 위험을 느낀 철학자가 겁에 질려 허둥대자 뱃사공이 그에게 물었다.

"선생님, 혹시 수영은 배우셨나요?"

철학자는 수영을 배운 적이 없다고 했다. 그러자 뱃사공이 단호하게 일갈했다.

"선생님은 인생 전체를 헛사셨군요."

당신은 뱃사공인가 철학자인가

인터넷에 떠도는 작자 미상의 이 우화는 무척 흥미롭다. 사람마다 받는 느낌이 다를 것이다. 나는 이 우화에서 상황에 따라 인재상이 달라진다는 교훈을 얻었다. 누가 진짜 능력자요 인재인지 생각하게 한다. 배를 몰아 강을 건너는 상황에서 철학이나 문학은 의미가 없다. 위기에 처한 배 안에서 풍부한 학식은 별 소용이 없다. 배를 저을 줄 아는 능력이 가장 요긴한 진짜 능력이다. 더구나 배가 침몰하는 위기 상황에서는 수영을 할 줄 아는 것 이상의 실력은 없다. 그 실력을 갖춘 사람이 참된 인재가 된다.

베스트 피플? 라이트 피플!

『아웃라이어』의 저자 말콤 글래드웰은 말했다.

"우리가 인재에 대해서 알고 있는 것은 전부 틀렸다."

그는 '인재는 특정한 장소와 환경의 산물'이라고 했다.[4] 이 말을 원용하면 특정 장소, 환경, 상황에 따라 인재의 조건과 인재상이 달라진다는 의미도 된다. 언제 어떤 상황에서나 통하는 절대적 인재는 없다는 말이다.

앞의 뱃사공과 철학자의 우화에서 보듯 강을 건너는 데는 뱃사공이 인재이지 철학자가 인재는 아니다. 더구나 배가 침몰하는데 헤엄을 칠 줄 모르는 철학자가 무슨 의미가 있는가.

기업의 인사 책임자들에게 회자되는 이야기가 있다.

"기업은 '베스트 피플best people'이 아니라 '라이트 피플right people'을 더 선호한다."

'라이트'란 가장 알맞은, 상태가 좋은, 제대로 된, 적절한 같은 의미를 갖는다. 다시 말해 회사는 동서고금을 꿰뚫는 지상 최고의 완벽한 인재를 원하지 않는다. 회사마다 형편과 상황에 알맞게 적합한 사람을 원한다.

얼마 전 별로 크지 않은 중견기업의 인사담당자를 만난 적이 있다. 그가 들려준 이야기가 매우 시사적이다. 자기네 회사에서 신입사원을 모집했는데 미국의 아이비리그Ivy League 출신이 입사 지원을 했단다. 지원자는 당연히 합격할 것으로 예상했을 것이다. 분명 자신했으리라. '이 정도 중소기업쯤이야!'라고 생각했을 것이다. 그러나 경영진은 숙의 끝에 불합격을 결정했다. 그 이유가 재미있다. 그렇게 스펙이 좋은 사람은 자기네 회사에 어울리지 않는다는 것이었다.

황당한가? 그 이야기를 들었을 때 처음에는 나도 의아했다. 그러나 설명을 들어보니 그 결정은 합리적이라 할 만했다. 과유불급過猶不及은 이 경우에도 해당된다. 지나치면 미치지 못하는 것과 같다. 그의 스펙은 그 중견회사의 형편에 지나쳤던 것이다. 베스트 피플일지는 몰라도 라이트 피플은 아니었다. 아무리 박학다식하면 무엇하는가. 아무리 스펙이 좋으면 무엇하는가. 위기에 처한 중소기업으로서는 '뱃사공'이 인재이지 '철학자'가 인재는 아니다. 그 인사담당자의 말이다.

"적합하지 못한 사람은 결국 오래 머물지 못하고 회사를 떠나고

맙니다. 자기 성에 차지 않기 때문에 머지않아 불평불만을 하게 될 것입니다. 그나마 조용히 떠나면 좋은데 자칫하면 물을 흐려놓을 수 있습니다."

기업이 정말로 원하는 인재는 누구일까

인재에 대한 기준과 평가는 중소기업으로 가면 더 극명해진다. 사원을 뽑을 때 어떤 점을 가장 중요하게 보는지 중소기업의 인사담당자들을 대상으로 조사한 것이 있다. 그 결론이 흥미롭다. 첫째 취업하려는 굳은 의지가 있느냐, 둘째 오랫동안 근무할 생각이 있느냐. 어떤가? 중소기업의 여건을 감안한 인재 선발 방법이자 조건이라 할 수 있다. 그들로서는 그것이 가장 절실하기 때문이다.

만약 중소기업에 입사하려는 사람이 내심 중소기업을 깔보며 취업 의지가 약하다고 해보자. 그렇다면 설령 입사한다 해도 열정이 없고 건성으로 일할 것이다. 과업이 조금이라도 부담스럽거나 회사 형편이 어려워지면 미련 없이 떠나려 할 것이다. 오랫동안 근무할 생각도 없을 것이다. 단지 직장생활을 경험해본다거나 대기업으로 옮기기 전에 잠시 머물 곳으로만 생각할 것이기 때문이다. 그런 사람이라면 회사에 대한 충성심이 없을 것이 분명하다.

사정이 그럼에도 '인재'를 논할 때 자칫 현실을 잊고 접근할 수가 있다. 더구나 요즘 들어서는 융복합, 통섭 운운하면서 '인문학과 자연과학을 넘나드는 해박한 사람'이 인재라는 인식이 유행한다. 다들 그런 사람이기를 원하는 바람이 불고 있다. 그러나 인재에 대해 학문적·이론적으로 규정하는 것과 기업이 요구하는 실질적 요건 사이에는 차이가 있다. 글로벌 대기업이 요구하는 인재상과 중소기업이 바라는 인재상도 분명히 다르다. 앞의 우화에서도 그것을 배우지 않았는가.

인문학과 자연과학을 넘나드는 해박한 사람이기를 원하는가? 그것은 베스트 피플을 꿈꾸는 것이다. 그러나 현실에서 베스트 피플을 찾기란 어렵다. 베스트 피플이 어떤 경우이든 베스트인 것도 아니다. 꿈과 현실은 다르다. 라이트 피플이면 충분하다. 라이트 피플을 찾기도 쉬운 일은 아니지만 말이다.

'전천후 요격기'의 역량과 '특공대원'의 정신

특히 요즘 신세대 사원들은 자신이 정말로 회사가 원하는 인재인지 냉정하게 돌아볼 필요가 있다. 요즘 젊은이들은 스펙이 단군 이래 최고 수준이요, 재기발랄하고 톡톡 튄다고 한다. 하지만 그것이 꼭 인재의 필요조건이 되는 것은 아니다. 충분조건이 되는 것은 더욱 아니다. 스펙이든 재기발랄이든 톡톡 튀는 것이든 회사의 필요와 발전에 연결될 때 비로소 가치가 있다. 부뚜막의 소금도 집어 넣어야 짠 것이다. 구슬이 서 말이라도 꿰어야 보배다. 아무리 탁월한 능력을 갖췄더라도 회사의 상황과 맞아떨어지지 않고 쓸모가 없다면 '말짱 황'이다. CEO리더십연구소 김성회 소장이 전하는 이야기를 들어보자.

"K보험 사장은 요즘 신세대 직원들을 보면 입이 딱딱 벌어진다. 그들의 재기발랄에 감탄해서가 아니다. 상사 앞에서도 당당하게 '이 일은 제가 할 일이 아닙니다.' '그걸 제가 왜 해야 하지요?' 하고 고개를 빳빳이 들고 되묻기 일쑤이기 때문이다. 한번은 사기도 올려줄 겸 회식에 참석하라고 하니 '개인적 선약이 있어 못 가겠습니다' 하고 거침없이 밝히는 것을 보고선 정말 상전벽해의 세대 차를 느꼈다고 한다. 지난번엔 한 신입직원이 '일이 너무 많고 힘들다'며 사표를 냈다. 문제는 그 부모가 며칠 후 찾아와 '사표를 반려해줄 수 없느냐'고 통사정을 하더란 것. 본인이 자신의 권익엔 당당하기 그지없지만 알고 보면 …… 약하기 그지없는 '아그들'이란 점에서 쓴 미소가 나왔다고 털어놓았다."[5]

대기업이든 중소기업이든 원하는 인재상에 한 가지 공통점이 있다. 그것은 다름 아니라 '언제 어디서 어떤 일을 하든 탁월하게 제대로 해낼 수 있는 사람'을 원한다는 사실이다. 즉 전천후 요격기 같은 멀티 역량, 특공대원 같은 치열한 정신 자세와 행동력을 갖춘 사람 말이다.

조직의 입장, CEO의 관점에서는 뭐니 뭐니 해도 일 잘하는 사람이 최고다. 언제 어디서 어떤 일을 맡기든 그 요구를 적극 수용해 임무를 완수할 수 있는 능력, 그럴 수 있는 정신 자세, 마음가짐, 태도를 지닌 사람이 인재라는 말이다.

　나는 이것을 '전천후 요격기 역량(정신)' 또는 '전천후 특공대 정신(역량)'이라고 한다. 전천후 요격기는 어떤 상황과 악조건에서도 작전을 수행하고 명령을 이행한다. 특공대원들은 물불을 가리지 않는 강인한 정신력을 갖췄다. 이와 함께 땅, 하늘, 바다를 불문하고 일당백의 다양한 능력을 발휘한다. 회사는 그 멀티 역량과 정신 자세를 바라고 있다. 나는 그런 능력을 갖춘 인재를 '멀티어', 그런 멀티 역량과 정신 자세를 '멀티어십'이라고 명명한다.

인재의 조건과 유형

멀티어와 멀티어십을 본격적으로 다루기 전에 지금까지 기업이나 학계에서 거론한 인재상에 대해 좀 더 깊이 들여다보자. 그것을 알아야 어떤 인재가 될 것인지 정할 수 있다. 직장생활의 목표와 방향도 제대로 설정할 수 있을 것이다. 또 '나는 어떤 인재인지' 스스로 비교해보는 것도 의미 있을 것이다.

교수법의 세계적 권위자로 유명한 조벽 교수는 글로벌 시대가 요구하는 인재의 조건으로 전문성(일에 대한 실력), 창의성(일을 주도할 수 있는 능력), 인성(일을 할 수 있게 해주는 실력) 세 가지를 제시했다.

인재의 조건

그러나 산업교육 전문가로서 직장인들에게 많은 영향을 미치는 공병호 박사는 인재의 핵심 능력으로 자신만의 독특한 문제해결 능력, 창의적 발상 능력, 긍정적 사고의 동기부여 능력 등 열 가지를 꼽았다. 우리나라 최고 기업의 하나인 S사에서도 '상사맨이 갖춰야 할 자질'로 아래 열 가지를 제시했다. 매우 실무적이다. 하지만 이것을 다 갖춘 사람이 있을까 싶을 정도로 버겁다.

상사맨이 갖춰야 할 10가지 자질
1. 외국인을 웃기고 울릴 수 있을 정도의 영어 구사 능력
2. 중국어, 러시아어, 일본어 등 제2외국어도 필수
3. 기획과 분석 능력
4. 정보력(작은 정보 하나가 큰 비즈니스로 이어질 수 있다)
5. 미래 전망과 냉철한 판단력
6. 글로벌 매너와 에티켓의 체화
7. 핵심 메시지를 논리적으로 정확하게 전달하는 프레젠테이션 기술
8. 파워포인트, 엑셀 등 각종 컴퓨터 프로그램 숙달
9. 도전의식과 열정
10. 따뜻한 인간관계

반면 기업이 많이 있는 포항의 상공회의소에서 핵심 인재의 조건

을 조사한 것을 보면 앞의 조건과 판이하다. 지역 기업의 CEO나 인사 책임자는 핵심 인재가 갖춰야 할 특성과 자질로 '성실성과 책임감'(20.3%)을 가장 높이 꼽았다. 그다음으로 '실행력과 추진력'(18.5%), '전문적 업무 능력'(17.2%), '조직에 대한 충성심과 주인 의식'(13.2%), '리더십과 동기부여 능력'(9.7%), '미래 수익 창출 능력'(7.1%), '전략적이고 유연한 사고'(7.0%), '글로벌 비즈니스 능력'(4.4%), '넓은 인맥'(2.6%) 등의 순으로 응답했다. 참 다양하다.

그런가 하면 온라인 취업 포털 '사람인'이 조사한 핵심 인재의 조건은 또 다르다. '전문지식'(43.4%, 복수 응답)을 인재의 으뜸 조건으로 꼽았다. 이어서 '열정'(40.7%), '책임감'(40.7%), '성실'(35.2%), '높은 성과 창출'(32.4%), '리더십'(26.9%), '강한 추진력'(26.9%), '창의력'(26.2%) 등의 순으로 나타났다.

왜 인재의 조건에 이런 차이가 날까? 대기업에 던진 질문이냐 중소기업에 던진 질문이냐에 따른 차이 때문이기도 하다. 때로는 설문에 예시된 문항이 그렇게 범위를 정했기 때문이기도 하다. 그러기에 그 응답 결과를 너무 믿을 것은 없다. 예민하게 반응할 필요도 없다. 하나의 흐름, 하나의 의견으로 받아들이면 될 것이다.

인재의 유형

앞에서 살펴본 바와 같이 인재상을 '조건'으로 따지는 방법이 있다. 반면 조건보다 '유형'으로 구분하는 방법도 있다. 가장 대표적인 것이 스페셜리스트specialist와 제너럴리스트generalist의 구분이다. 인재에 대한 논의 대부분이 용어만 조금 달라질 뿐 이 범주를 크게 벗어나지 못한다.

스페셜리스트란 한 분야에 깊은 전문성을 지닌 사람이다. 특정 분야에 국한된 뛰어난 지식이나 재능을 가진 인재를 말한다. 반면 제너럴리스트는 다양한 분야에 해박한 지식과 기능을 가진 사람이다. 양쪽 다 장점과 단점이 있음은 물론이다.

그 점을 보완하기 위해 제시된 인재상이 '제너럴 스페셜리스트'다. 와튼스쿨의 로스 A. 웨버 교수는 특히 경영자의 바람직한 모델로 제너럴 스페셜리스트를 꼽았다. 최근의 경영 환경에서는 스페셜리스트의 특성과 제너럴리스트의 특성을 효과적으로 접목시키는 것이 중요하다. 그런데 경영자는 전문지식과 더불어 경영 전반을 아우를 수 있는 종합적 능력도 있어야 한다는 것이다.

T형 인재와 A형 인재

제너럴 스페셜리스트를 'T형 인재'라고도 한다. T라는 글자에서 '―'는 횡으로 다른 분야에 대한 기본 지식과 문제 해결 능력을 고루 갖춘 것generalist이다. '│'는 종으로 특정 분야에 깊은 전문지식과 능력이 있음specialist을 의미한다.

T형 인재의 개념이 처음 등장한 곳은 제너럴일렉트릭GE이라고 한다. 그 개념을 현장에 적용해서 성공을 거둔 회사는 도요타자동차다. 도요타Toyota는 회사명의 첫 영문자 'T'에 빗대어 자신들이 추구하는 인재상을 그렇게 규정했다.

T형 인재를 조금 더 발전시킨 버전이 있다. 안철수 전 서울대학교 융합과학기술대학원 원장이 정립한 인재상이다. 바로 안연구소AhnLab Inc.의 'A형 인재'다. 도요타가 회사 첫 글자인 T로 인재상을 정립했듯이 안연구소 역시 연구소의 첫 글자 A로 인재상을 만든 것이다.

A형 인재란 두 가지로 해석한다. 먼저 A자가 '사람 인(人)' 자와 그 사이를 가로지르는 선(─)으로 구성돼 있음에 착안한 해석을 보자. 한 분야의 전문지식뿐만 아니라 다른 분야에 대한 넓은 상식과 포용력이 있는 개인들(人)이 서로 가교(─)를 이뤄 하나의 팀으로 협력한다는 의미다. 즉 T형 인재가 갖춰야 할 요소에 하나의 팀으로 일하는 능력(팀워크 능력)까지 갖춰야 인재라는 것이다. 또 하나의 해석은 A자를 삼각형(△)으로 보는 것이다. 바람직한 인재가 되기 위해서는 전문성, 인성, 팀워크의 삼각 구도로 균형을 이뤄야 한다는 것이다.[6]

그 밖에도 'V형 인재' 'W형 인재' 등 다양한 분류가 있다. 하지만 기본은 역시 T형 인재라 할 수 있다.

멀티플레이어

앞에서도 말했듯이 T형 인재란 제너럴 스페셜리스트다. 이것을 다른 표현으로 바꾸면 '멀티플레이어multiplayer'가 된다. 그동안 여러 논자가 최고의 인재상으로 멀티플레이어를 제시했다. 세상이 필요로 하고 기업이 원하는 최고의 인재는 '만능 스타' 멀티플레이어라는 것이다.

멀티플레이어가 인재상으로 대두한 것은 세상이 워낙 복잡다기하고 변화무쌍해졌기 때문이다. 직장의 업무도 단순하지 않고 복잡 미묘하다. 단선적인 사람은 제대로 대처하기가 어렵게 됐다.

『마이크로소프트의 비밀』이라는 책에 보면 세계 최고 기업의 하나인 MS의 핵심 경영전략이 "기술과 비즈니스, 모두를 잘 아는 똑똑한 사람smart people을 발굴하는 것"이라고 했다.[7] 이것이 무슨 뜻인가? 다재다능한 사람, 팔방미인, 즉 멀티플레이어를 최고의 인재로 생각하고 그런 사람을 찾는 것이 MS의 핵심 경영전략이라는 말이다.

새로운 시대, 새로운 인재상

지금까지 어떤 사람을 바람직한 인재로 여기는지 살펴봤다. 결국 팔방미인 멀티플레이어로 귀결된다. 그러나 세상은 잠시도 머물지 않고 변한다. 그것도 아주 빠르게. 그리하여 멀티플레이어에서 진화한 새로운 인재상이 대두했다. 융합이 새로운 시대적 화두로 등장했기 때문이다. 융합은 2000년대 들어 IT 산업의 발전과 더불어 활발히 논의되기 시작했다. 정치, 사회, 문화 등 다양한 영역에서 나름대로 논리를 만들어내며 하나의 트렌드를 형성하고 있다.

본래 융합convergence은 라틴어 'convergere'라는 동사를 어원으로 한다. '함께'라는 의미를 가진 'con'과 '어떤 방향이나 상태로 향하다,

기울어지다'라는 의미를 가진 'vergere'가 합쳐진 것이다. 사람들은 흔히 융합이라고 두루뭉술하게 말한다. 하지만 비슷하면서도 조금씩 해석이 다른 여러 용어가 함께 사용되고 있다. 복합, 융복합 등이 그것이다.

융복합에서 통섭으로

본래 융합은 '하나 이상의 것이 녹아서 하나가 되는 것'이다. '녹아서'라는 말에서 알 수 있듯이 이것은 화학적 합침이다. 반면 복합은 '이질적 요소들을 물리적으로 그냥 묶는 것'이다. 통합과 같은 의미로 영어로는 콤플렉스이다. 예를 들어 휴대폰에 사진기 기능을 추가하거나 냉장고에 정수기를 결합하는 것과 같다. 그러니까 '융복합'이라고 하면 융합과 복합이 합쳐진 것, 즉 화학적·물리적 결합을 뜻하는 것이다.

그런데 최근에 이르러서는 융복합에서 한 걸음 더 나아가 '통섭'이라는 개념이 등장했다. 심지어 박근혜 정부의 핵심 키워드에도 통섭이 들어가 있을 정도다.

통섭의 원어는 'consilience'이다. 우리에게는 늦게 소개됐다. 하지만 미국에서 이 개념이 등장한 것은 비교적 오래됐다. 에드워드 오스본 윌슨Edward O. Wilson 교수가 『통섭: 지식의 대통합』이라는 책을 쓴 것이 1998년의 일이니까.[8]

에드워드 윌슨 교수는 '살아 있는 최고의 생물학자'라는 찬사를 받는 사람이다. 특이하게도 개미생물학의 일인자다. 평생 애정을 쏟은 개미를 비롯해 동물의 집단생물학, 동물행동학, 진화생물학, 사회생물학 등 20세기 생물학 곳곳에서 커다란 발자취를 남긴 인물이다. 이렇듯 생물학의 권위자이자 사회생물학의 창시자이면서도 인문학과 자연과학을 통합하려는 노력을 꾸준히 전개했다. 『통섭: 지식의 대통합』은 바로 그것을 총결산한 역저다.

그는 인간의 지식은 본질적으로 통일성을 가지고 있다고 전제했다. 이를 바탕으로 자연과학, 인문학, 사회과학이 상호 협력해야 함을 강조하면서 '지식의 대통합'을 주장했다. 'consilience'라는 단어가 '두 학문의 합일'을 의미하는 것임을 안다면 무슨 뜻인지 짐작할 수 있을 것이다.

물론 그가 주장하기 이전부터 지식은 원래 통합적이었다. 그러나 문명이 발달하면서 16세기를 기점으로 쪼개지고 분화했다. 그런데 20세기를 마감할 때쯤 학문 분야에 다시 통합의 바람이 불었다. 그 같은 변혁에 이론적 틀을 제공한 사람이 바로 윌슨 교수다. 그 후 'consilience'는 세계 학계, 산업계의 주요 화두이자 세계적 유행어가 됐다. 윌슨 교수의 제자인 최재천 교수가 이 단어를 '통섭統攝'으로 소개했다. 이로써 우리에게도 시대적 화두, 새로운 유행어로 등장했다.

통섭은 얼마 전까지만 해도 귀에 익숙지 않은 단어였다. 일반인들이 별로 사용하지 않아 사전 속에 잠들어 있던 단어였으니 그럴 수밖에 없었다. 최재천 교수가 어렵게 발굴해내기 전까지 그런 단어가 있는 줄도 모른 사람이 많았을 것이다. 통섭은 '큰 줄기' 또는 '실마리'라는 뜻의 통統과 '잡다' 또는 '쥐다'라는 뜻의 섭攝을 합쳐 만든 용어로서 '큰 줄기를 잡다' '모든 것을 다스린다' '총괄해 관할하다'라는 의미를 갖는다고 한다. 최재천 교수가 통섭이라는 용어를 찾아내고 결정하는 데 무려 5년여의 기간이 필요했다고 한다.[9]

통섭은 '지식의 대통합'이지만 단순한 통합은 아니다. '융복합', 즉 물리적·화학적 결합을 넘어 그것으로부터 새로운 것이 창조되는 생물학적 합침으로 정의된다. 예를 들면 음악, 미술, 공학이 합쳐 '미디어아트공학'이 된다든가 심리학과 경제학이 만나 '행동경제학' 같은 새로운 학문 분야를 만들어내는 현상을 말한다. 즉 통섭은 단순한 통합이 아니라 '새로운 탄생'이라는 창조성에 그 특징이 있다. 이 점이 융복합과 통섭의 차이다(그러나 논자에 따라서는 이렇게 세분하지 않고 융합이나 융복합을 통섭과 같은 의미로 쓰기도 한다).

이렇듯 복합, 융합, 융복합, 통섭으로 용어가 진화하면서 멀티플레이어도 '통섭형 인재'로 한 차원 높게 바뀌었다.

멀티플레이어에서 통섭형 인재로

통섭이 시대적 화두로 등장하면서 내로라하는 기업들에서 통섭형 인재를 육성하자는 바람이 일고 있다. 미래의 바람직한 인재상은 통섭형 인재라는 것이다. 얼마 전 정준양 포스코 회장은 "철강을 다루는 문학도나 시 쓰는 공대생이 필요하다"며 "통섭형 인재를 직접 양성하자"고 간부회의에서 강조했다.

그런 흐름은 포스코에만 있는 것이 아니다. 인터넷에 '통섭형 인재'를 검색해보라. 그것이 이 시대의 화두요 흐름임을 금방 알 수 있다. 기업은 물론 은행, 심지어 대학에서조차 "통섭형 인재를 뽑자"거나 "양성하자"고 열을 내고 있는 실정이다. 통섭형 인재가 강조되면서 멀티플레이어도 그것에 걸맞은 것으로 진화해야 할 압력을 받기에 이르렀다.

사실 통섭형 인재란 상당히 거창한 것이다. 통섭형 인재라는 용어의 원래 의미는 인문과 자연과학 등 두 개 이상의 학문 분야를 넘나드는 인재를 말한다. 그래서 통섭형 인재론을 펼치는 사람들이 단골로 꼽는 대표 인물이 레오나르도 다빈치, 미켈란젤로, 세종대왕, 이순신 장군, 다산 정약용 등이다. 다양한 분야에서 융합적 업적을 쌓은 사람들이기 때문이다.

그러나 솔직히 말해 시대의 변화에 따라 통섭형 인재가 필요하게 됐다는 것은 어쩌면 말장난에 불과할지 모른다. 통섭형 인재라는 분류와 용어만 없었을 뿐이지 고대 그리스나 르네상스 시대에도 이것저것 다방면에 능통한 창의적 인재가 제대로 된 인재상, 바람직한 인재상이었으니까 말이다. 가장 바람직한 인재, 미래의 인재상이 통섭형 인재라면서 그 대표적 인물로 들먹이는 대표 인물들은 어느 시대 사람들인가? 미래의 인물인가 과거의 인물인가? 분명히 과거의 역사적 인물들이다. 그럼에도 그들을 미래 인재의 모델로 꼽는 것을 어떻게 생각하는가? 흥미롭지 않은가? 옛날에도 정말로 뛰어났던 인재는 요샛말로 표현할 때 통섭형 인재였다. 그 시대에 어떤 용어로 수식됐는지 하는 것은 별개의 차원이다.

A형 인재를 주창한 안철수 전 원장은 '컨버전스convergence 시대의 인재가 갖춰야 할 덕목'으로 다음 다섯 가지를 제시했다. 안철수 전 원장이 말한 컨버전스는 통섭과 같은 의미다. 그런데 결국 다섯 가지 덕목은 그가 제시하는 통섭형 인재의 조건이라 할 수도 있을 것이다. 참고하자.

1. Broadmindeness 다른 분야에 대한 상식과 포용력
2. Communication 소통 능력(A형)
3. Positive Thinking 긍정적인 생각
4. Continuous Learning 끊임없이 학습하기
5. Pushing the Limit 내 한계 극복하기

통섭형 인재에 관한 여러 주장

통섭형 인재에 대해 논한 사람은 여럿이 있다. 다니엘 핑크는 오스본 윌슨의 주장과 같은 맥락에서 멀티한 사람을 '바운더리 크로서boundary crosser(경계를 넘나드는 사람)'라고 명명했다. 바운더리 크로서들은 다양한 분야의 전문성을 계발하고 다양한 언어를 구사하며 다양한 인생 경험을 즐긴다고 한다. '멀티리브multilive'를 영위한다는 것이다.[10]

세계적 베스트셀러 『생각의 탄생』의 저자인 로버트 루트번스타인,

미셸 루트번스타인 부부는 이와 관련해 'synosia'라는 단어를 만들어냈다. 결합이나 합성을 뜻하는 그리스어의 'syn'과 지식을 뜻하는 'gnosis' 또는 이성이나 인식의 작용을 의미하는 'noesis'에서 파생한 것이다. 융복합, 통섭과 일맥상통한다. 우리말로 '종합지綜合知'로 번역된다(개인적으로 별로 호감 가는 번역은 아니다. 발음만 들으면 종합 잡지가 연상되니까). 궁극적 이해의 형태를 만들어내기 위해 다양한 방식의 앎과 느낌을 가장 높은 수준에서 통합한 것이다. 그들 부부는 통합적 마인드가 절실하게 필요함을 강조했다. 그러면서 '상상하면서 분석하고, 화가인 동시에 과학자가 되는 것'이 최고의 경지에 이른 종합지적 사고의 모습이라고 했다.

루트번스타인 부부는 종합지와 관련해 "오늘날 세계가 안고 있는 문제 중에서 단일한 학문 분야에만 국한되는 것은 아무것도 없다. 따라서 미래는 우리가 앎의 방법 모두를 통합해서 통합적 이해를 창출할 수 있느냐에 달려 있다"라며 '박식가polymath'라는 용어를 등장시켰다. 그러면서 전문가가 아니라 전인全人이 되라고 권한다(우리가 학생들 교육과 관련해 흔히 듣는 전인교육의 '전인'과는 다른 개념이다. 전인교육이란 신체적·지적 성장, 정서와 사회성 발달을 추구해 균형 잡힌 전일체全─體로서 인간을 육성하고자 하는 교육 개념이다).[11]

지식생태학자 유영만 교수는 '브리꼴뢰르bricoleur'라는 용어를 선택했다. 이 말은 '여러 가지 일에 손대기'라는 의미를 가진 프랑스어 '브리꼴라주bricolage'에서 파생한 것이다. 그러니까 브리꼴뢰르는 '여러 가지 일(직업)에 손을 대는 사람'으로 통섭형 인재에 해당한다. 흥미로운 것은 모든 논자가 통섭형 인재의 전형으로 레오나르도 다빈치, 미켈란젤로 등 르네상스형 인물들을 꼽는 데 비해 유영만 교수는 영화 주인공 맥가이버를 추가했다는 점이다.

요즘 세대를 위해 맥가이버에 대해 약간의 설명이 필요할 것 같다. 「맥가이버」는 첩보와 액션을 다룬 미국 ABC의 TV 시리즈물이다. 우리나라에서도 1986년 11월부터 1992년 8월까지 방영됐다. 주인공 맥가이버(리처드 딘 앤더슨)는 만능인으로 인기를 한 몸에 받았다.

그는 비밀 임무를 수행하는 첩보원이다. 하지만 기존 첩보원들과는 달리 총을 사용하지 않았다. 다목적 칼(일명 '맥가이버칼'), 화학, 물리학의 해박한 지식을 기반으로 어떤 위기든지 거뜬히 극복해냈다. 그럼으로써 '맥가이버'라면 '언제 어디서 어떤 상황이든 척척 해결하는 사람'이라는 이미지를 심었다.[12]

왜 멀티인가

지금까지 통섭이 무엇인지, 통섭형 인재와 여러 논자의 주장이 무엇인지 살펴봤다. 그러면 멀티어와 멀티어십을 주장하는 나에게 이런 질문을 할 수 있다. 통섭의 시대를 아우르는 인재상과 패러다임을 다루면서 왜 'consilience'를 어원으로 활용하지 않고 '멀티'를 근거로 삼았느냐고.

시대를 규정하는 용어는 여러 가지가 있다. SNS 시대니, 전문가 시대니, 고령화 시대니 하는 것이 바로 그런 것들이다. 어떤 이는 '콘텐츠'를 시대적 화두로 삼는다. 그런가 하면 어떤 이는 '스토리텔링'을 말하기도 한다. 또 어떤 이는 '힐링'을 꼽고 어떤 이는 '경제민주화'를 떠올린다. 논자마다 다르고 분야마다 다르다.

이렇듯 시대적 특징과 트렌드를 규정하는 용어와 화두 가운데 최근에 크게 부각되는 것이 바로 멀티다. 앨빈 토플러 이후 최고의 미래학자로 평가받는 다니엘 핑크 역시 『새로운 미래가 온다』에서 멀티를 강조했다.

"우리 시대에 가장 흔히 사용되고, 어쩌면 가장 중요하다고 볼 수 있는 접두어는 아마도 '멀티multi'일 것이다."[13]

오늘날 직장에서는 멀티태스킹multitasking(다중 업무수행 능력)을 요구한다. 사회는 멀티컬처multiculture(다중 문화)다. 우리가 즐기는 엔터테인먼트는 멀티미디어multimedia다.

멀티를 강조한 사람은 많다. 생물학자이면서 동시에 철학자, 화가, 미술사가인 C. H. 워딩턴은 『미래의 생물학과 역사학Biology and the History of the Future』에서 "오늘날의 세계에서는 '모든 것'이 돼야 한다. 그렇지 않으면 '아무것'도 되지 못한다"고 했다. 그 책을 쓴 1970년 초에도 그랬다면 오늘날에는 말할 것도 없다.

이처럼 오늘날의 비즈니스 환경은 멀티하다. 복잡한 업무 프로세스가 하나로 통합되거나 비즈니스 자체가 종합적 프로세스를 모두 포함하는 방향으로 진행되고 있다. 한편으로는 세부적으로 분화하면서 다른 한편으로는 다시금 창조적으로 통합되는 방식이다. 이런 시대에 대처하기 위해서는 세분화한 분야에 깊이 있게 정통하면서 동시에 다양화한(거꾸로 말하면 종합화한) 비즈니스에 대응할 수 있는 다양한 능력(즉 멀티 역량)이 필수적이다.

이렇게 변화한 비즈니스 환경과 '융복합, 통섭'의 시대적 의미를 잘 수용할 수 있는 것이 멀티이다. 그래서 그 용어를 선택했다. 또 앞에서 다룬 'consilience, synosia, polymath, boundary crosser, bricoleur'의 공통분모가 멀티라는 점도 하나의 근거가 됐다. 내가 찾으려고 한 것은 이론적, 학문적 차원의 인재상이 아니라 기업에서 직장에서 요구하는 현실적 인재상이기 때문이다.

신인재 멀티어

다음은 신인재 멀티어의 탄생 배경과 그것이 통섭형 인재와 어떤 관계에 있는지 알아보자.

인터넷에 '통섭형 인재'를 검색해보라. 많은 자료가 나올 것이다. 특히 각 기업마다 "통섭형 인재를 채용하겠다" "통섭형 인재를 원한다" 같은 기사가 무수히 등장한다. 그러면서 "자연과학과 인문학적 소양을 두루 갖춘 사람"이라는 수식이나 설명이 등장한다. 즉 기업에서 채용하려는 사람이 학문적 정의 'consilience'에 입각한 통섭형 인재임을 표방하는 것이다.

나는 이 점에서 이견을 가진다. 겉으로는 "자연과학과 인문학적 소양을 두루 갖춘 사람"이라고 하지만 정말 그런 사람을 원하느냐 하는 것이다. 마치 신입사원 모집 요강에 등장하는 것처럼 "세계를 이끌어 갈 글로벌 리더"라는 식으로 거창하고 추상적이고 선언적으로 표현한 것에 불과하다고 본다. 모든 직장에서 필요로 하는 인재가 과연 자연과학과 인문학적 소양을 두루 갖춘 사람일까? 물론 그렇게 전형적인 통섭형 인재가 필요한 기업이나 조직도 없지는 않을 것이다. 누군가가 그런 소양을 갖췄다면 결코 나쁜 것은 아니다. 그러나 그런 유형의 인재는 자칫 '창백한 책상머리형 수재'에 머물기 쉽다.

실제로 어떤 CEO가 사원들에게 자연과학과 인문학적 소양을 두루 갖춘 통섭형 인재가 되라고 훈시한다고 치자(요즘 그런 훈시를 자주 듣는다). 받아들이는 사람의 눈으로 보면 무엇을 어떻게 하라는 것인지 감이 잡히지 않는다. 책을 많이 읽으라는 독서 권장이나 공부를 많이 하라는 학습 권장처럼 다가올 수 있다. 물론 그런 사람이 인재로 대접받을 기업이나 조직도 있을 것이다. 그러나 우리나라 기업과 조직 대부분이 그런 사람을 간절히 필요로 하는 것은 아니라고 확신한다. 중소기업으로 가면 더욱 그렇다. 바로 그 관점이 내 '이견'이자 멀티어가 탄생하게 된 출발점이다.

학문 간에 영역이 없어지고 지식 대통합이 창조적으로 일어나야 하는 통섭의 시대에 적합한 인재는 두 가지 측면에서 접근할 수 있다. 하나는 학문적인 것이며 다른 하나는 현실적인 것이다.

학문적으로는 윌슨 교수의 이론대로 여러 학문을 경계 없이 넘나들 수 있는 사람을 인재라고 할 수 있다. 그러나 보통의 직장인으로서 조직이 선호하고 대접하는 인재를 목표로 한다면 학문적 정의와는 거리가 있을 수밖에 없다. 내 '이견'이란 바로 기업에서 실제로 필요로 하는 인재는 통섭 운운하는 이론적·학문적 인재상이 아니라는 것이다. 현실적·기업적 인재상이다. 당신이 직장생활을 해봤다면 충분히 공감하리라 믿는다.

기업의 관점, 더 구체적으로 CEO의 입장에서 보는 인재상은 과연 무엇일까? 당신이 CEO라고 생각하고 규정해보기 바란다. 인문학과 사회과학에 두루 정통한 지식통합형 인재를 원하는가? 아니면 '창백한 지식인형 인재'가 아니라 언제 어떤 임무를 부여하더라도 확실하게 제대로 해내는 '일꾼'을 원하는가?

대부분의 회사는 통섭이니 뭐니 하는 이론적 개념에 별로 관심이 없다. 책이나 학계에서 융복합 시대, 통섭의 시대 운운하니까 말로만 부응할 뿐인 경우가 많다. 회사가 실제로 요구하는 인재상은 매우 현실적이다. 앞에서 여러 번 강조했듯이 '언제 어디서 어떤 일을 맡기든 그것을 수용해 기필코 해내고야 마는 사람'이 필요한 것이다. 그래서 나는 통섭형 인재의 현실적 모델로 '멀티어'를 제시했다.

정리해보자. 통섭형 인재는 베스트 피플이다. 반면 멀티어는 라이트 피플이다. 통섭형 인재는 이론적·학문적 냄새가 짙다. 멀티어는 실질적·실천적이다. 멀티어는 통섭형 인재의 현실적 모델이자 기업이 요구하는 실질적 인재상이다. 언제 어디서 어떤 일을 하든 제대로 거뜬히 해낼 수 있는 멀티 역량과 정신력을 갖춘 사람이다.

통섭형 인재와 멀티어의 차이, 멀티어의 가치를 극명하게 보여주는 사례가 있다. 유영만 교수의 『체인지體仁知』를 보자. 세계 최고의 인재들로 가득하다는 엔론과 보통의 인재를 잘 육성한 P&G를 비교한다.

"말콤 글래드웰은 엔론과 P&G의 인재가 퀴즈 대결을 벌였다면 엔론이 이겼을 테지만, 성과를 창출하는 경쟁에서는 그렇지 않았을 것이라고 주장한다. 최고의 경영대학원 출신이 P&G에 입사해서 과연 세제 파는 일에 자신의 재능을 최고로 발휘할 것인지 확신할 수 없기 때문이다. 인재 전쟁을 부르짖었던 맥킨지의 인재경영 철학을 그대로 받아들였던 엔론은 망했고, 평범한 사람들을 비범한 열정으로 무장시켜 탄탄한 팀워크를 다진 P&G는 가장 존경받는 기업 중 하나로 여전히 성장 발전하고 있다."[14]

뉴 패러다임: 멀티어십

멀티어는 융복합과 통섭의 시대에 회사의 요구에 부응하는 새 인재상이다. 멀티어십은 변화한 시대 상황에 맞는 신인재 멀티어의 핵심 역량이자 패러다임이다. 멀티어의 자질, 역량, 자세, 특성, 영향력, 행태, 지위, 신분, 관계를 의미하는 용어다. 쉽게 말해 멀티어의 능력, 정신 자세, 마음가짐, 지켜야 할 덕목, 태도를 말한다. 언제 어디서 어떤 일을 하든, 즉 직장에서 어떤 역할과 임무를 부여받든 제대로 해낼 창의적 능력과 정신 자세를 일컫는다. 이런 논리의 바탕에서 멀티어와 멀티어십이 탄생했다. (이 용어와 이론은 2011년 11월 발표됐다. 2012년 10월에는 대한민국 특허청에 상표 등록했다. 새 패러다임, 새 용어임을 공식적으로 인정받으려는 의도였다. 이와 동시에 앞으로 더욱 심도 있게 연구, 전파하기 위한 포석이기도 하다.)

멀티어

- 멀티어십의 주체. 융복합과 통섭의 시대에 회사의 요구에 부응하는 새 인재상
- 폭넓고 다양한 소양, 능력을 바탕으로 언제 어디서 어떤 일을 하든, 즉 직장에서 어떤 역할과 임무를 부여받든 제대로 해낼 수 있는 사람

멀티어십

- 시대 상황에 맞는 멀티어의 모럴, 패러다임. 멀티어의 자질, 역량, 자세, 특성, 영향력, 행태, 지위, 신분, 관계
- 언제 어디서 어떤 일을 하든, 즉 직장에서 어떤 역할과 임무를 부여받든 제대로 해낼 전천후 요격기의 멀티 역량과 특공전사 같은 정신 자세

이들 용어를 독자 여러분은 대수롭지 않게 받아들일지 모른다. 그러나 나름대로 논리와 깊은 뜻이 있다. 뉴 트렌드, 뉴 패러다임의 시작을 의미하는 것이기도 하다.

이 용어들이 탄생하기까지 의외로 많은 탐구와 시간이 필요했다. '이름'은 논리 전개에서 매우 중요한 역할을 한다. 그래서 많은 공을 들였다. 최재천 교수가 '통섭'이라는 용어를 찾아내고 결정하는 데 5년여의 기간이 필요했다고 하지 않는가. 그만큼 용어 정립은 간단한 일이 아니다. 작명으로 새 용어가 탄생하면 그에 걸맞은 새 논리

가 전개된다. 그것은 곧 새 이론의 잉태를 뜻한다.

아무쪼록 여러분 모두가 멀티어십을 발휘하는 통섭형 새 인재, 특출한 인재, 무엇보다 회사에 꼭 필요한 인재 멀티어가 되기 바란다. 그래야 이 치열한 경쟁 시대에 살아남을 수 있다. 회사에서 인정받는 자기 영역도 구축할 수 있다.

이어령 전 문화부장관의 글을 살펴보면서 이 장을 마무리하자.

"20세기가 전문가의 시대였다면 21세기는 통합의 시대다. 이제 어느 것 하나만 잘하는 것으로는 살아남기 어렵다. 앞으로 지식사회를 선도해갈 인재들은 전문가들이 간과한 지식 대통합을 통해 분야를 넘나드는 창조적 사고를 해야 한다."[15]

이것이
멀티어다

멀티어
5인에게서
배운다

지금까지 멀티와 관련해 '융복합' '통섭' 'synosia' 'polymath' 'boundary crosser' 등 여러 주장을 살펴봤다. 멀티어와 멀티어십이 어떻게 탄생했는지 그 배경과 뿌리도 알았을 것이다.

이 시대를 살아가는 우리는 그 트렌드와 흐름에 주목해야 한다. 즉 멀티 시대, 융복합과 통섭의 시대에 적응하는 유능한 직장인이 되려면 어떻게 해야 할지 고민해야 한다. 그리고 그것에 끌려가지 말고 앞서 가야 한다. 스스로 'synosia'가 돼야 한다. '박식가polymath'로 거듭나야 한다. '바운더리 크로서boundary crosser'로 인정받고 '통섭형 인재'로 자리매김해야 한다. 그러면서도 기업이 요구하는 인재, 즉 멀티어가 돼야 한다. 그래야 인정받아 살아남을 수 있다. 성공할 수 있다.

유형별 멀티어에서 얻는 교훈

나는 꾸준히 자기계발서를 쓴다. 전문가로서 현장에서 기업교육, 산업교육을 한다. 그러면서 학문적 개념의 인재상보다 기업이 실제로 원하는 현실적 관점에서 새 인재상에 부합하는 적절한 용어를 찾으려 했다. '창백한 지식인형 인재'가 아니라 '일꾼형 인재'를 나타내면서 융복합과 통섭이라는 시대적 흐름을 아우르는 표현은 없을까 고민했다. 특히 생경하지 않은 용어, 사람들의 머리에 어떤 이미지로 금방 떠오르는 용어는 없을까? 그것을 찾기 위해 여러 가지를 검토했다. 그 결과로 선택한 것이 멀티어다.

멀티어는 말 그대로 '복합' '여러 가지'라는 의미를 내포한다. 그러면서 기업에서 인재상으로 많이 언급하는 스페셜리스트, 제너럴리스트, 제너럴 스페셜리스트, 멀티플레이어, 융복합형 인재, 통섭형 인재와 같은 용어를 모두 수용할 수 있다. 우리가 지향하는 목표 이미지가 구체적으로 선명히 떠오르는 용어라 생각한다. 멀티어에서 멀티어십이라는 새 패러다임이 탄생했다.

멀티어는 융복합과 통섭의 시대에 회사의 요구에 부응하는 인재상이다. 폭넓고 다양한 소양과 능력을 바탕으로 언제 어디서 어떤 일을 하든, 즉 직장에서 어떤 역할과 임무를 부여받든 제대로 해낼 수 있는 사람이다.

그러면 우리가 지향해야 할 멀티어의 전형은 누구일까? 멀티어십을 다루기 전에 그것부터 살펴보자. 그 모델들을 통해 우리가 지향하는 목표를 좀 더 선명하게 할 수 있을 것이다. 멀티어로 거론되는 사람은 많고도 많다. 여러 사람을 꼽을 수 있겠다. 하지만 유형별 성격이 뚜렷한 다섯 사람을 선택해 교훈을 얻기로 한다.

레오나르도 다빈치
천재를 뛰어넘은 노력의 통섭형 인재

영국의 과학전문지 『네이처』가 인류의 역사를 바꾼 세계 최고 천재 열 명을 선정 발표한 적이 있다. 『네이처』가 과학 분야를 다루는 전문지이기 때문에 과학자가 다수를 차지할 것으로 예상했다. 그러나 그 면면을 보면 내 예상이 틀렸다. 제대로 뽑은 것 같다.

열 명의 천재는 대부분 우리가 잘 아는 사람이다. 윌리엄 셰익스피어, 요한 볼프강 괴테, 피라미드를 만든 이집트인(집단이 천재로 꼽힌 것이 재미있다), 미켈란젤로, 아이작 뉴턴, 토머스 제퍼슨, 알렉산더 대왕, 피디아스(제우스 신전의 제우스 신상, 파르테논 신전의 아테나 여신상 제작자), 그리고 아인슈타인이 10위로 턱걸이를 했다. 우리가 천재로 알고 있는 에디슨, 빌 게이츠, 스티브 잡스 같은 사람은 끼지 못했다. 천재 중 천재로 1위를 차지한 사람은 다름 아니라 레오나르도 다빈치다.

그는 통섭형 인재를 언급할 때 첫손가락에 꼽히는 사람이다. 자타가 공인하는 천재. 지능지수가 205쯤 됐을 것으로 추정하는 학자도 있다. 가장 두드러지는 특징은 단순히 지능지수가 최고로 높은 천재가 아니라 천재적 재능을 다방면에서 발휘했다는 점이다. 우선 미술, 음악, 건축처럼 예술가로서 어쩌면 당연해 보이는 분야가 있다. 군사공학, 도시계획, 비행기계 고안을 포함한 다양한 발명에서도 특출한 재능을 펼쳤다. 이뿐만이 아니다. 해부, 요리, 식물학, 의상 디자인, 무대 디자인, 해학 등 수많은 분야에서 특출한 재능을 발휘했다. 놀라운 업적이다.

구체적으로 살펴보자. 화가로서 「모나리자」 「최후의 만찬」 같은 걸작을 남겼다. 공학자로서 날아다니는 기계, 헬리콥터, 낙하산, 접이식 사다리 등도 창안했다. 군사기술자로서 장갑차, 기관총, 박격포, 미사일, 잠수함 원형을 제작했다. 해부학자로서 최초로 인체의 각 부분을 단면으로 그려냈다. 자궁 속 태아에 대한 연구까지 했다. 인류 최초의 비행으로 기록된 라이트 형제의 비행기 설계는 이미 다빈치가 처음으로 했을 정도다.

다빈치의 행적과 공적은 한 인물이 한 것으로 보기에는 너무도 종횡무진하고 광대하다. 그저 놀라울 따름이다. 한 사람이 했다고는 도저히 믿지 못할 만큼 뛰어난 지적 능력을 다방면에서 발휘했다. 인간의 능력을 유감없이 보여준 핵 중의 핵 같은 인물이다. 한마디로 완벽한 팔방미인이었다.

다빈치는 1452년 르네상스 발상지인 피렌체 근교 빈치라는 시골에서 태어났다. 아버지는 공증인, 어머니는 평범한 농사꾼의 딸이었다. 다빈치는 정식 교육을 받지 못했다. 14세 때 안드레아 델 베로키오라는 예술가의 도제로 입문했다.

30세 때 피렌체를 떠나 밀라노로 갔다. 18년 동안 그곳에 머물며 미술가로 도시계획자로 다양한 활동을 했다. 1500년대 초 잠시 피렌체로 왔다가 다시 밀라노로 가 군사고문이 됐다. 여기서 각종 군사기계를 제작했다. 「모나리자」를 그린 것은 51세 때였다.

그는 예술적 천재성과 과학적 천재성이 융합된 '크로스오버형 천재' '통섭형 천재'였다. 그런데 한 가지 유념할 것이 있다. 다빈치가 타고난 천재성에만 매달린 사람이 아니었다는 점이다. 쇠붙이가 면도날이 되도록 자신을 갈고 또 연마한 사람이다.

단적 증거가 다빈치의 수첩이다. 떠오르는 생각, 아이디어, 관찰한 것들을 수첩에 철저히 기록했다. 1519년 다빈치가 67세를 일기로 사망하면서 발견된 수첩의 분량은 무려 1만 3,000쪽에 달했다. 그 수첩들은 오랜 친구이자 다빈치의 유품을 챙긴 프란체스코 멜치가 정리했다. 서기 두 명을 고용해 작업했는데도 역부족이었다. 분량도 분량이지만 거울에 비춰 봐야 해석할 수 있는 역상 암호문자로 적혀 있어 해독하기 난해한 부분이 많았기 때문이다.

그의 수첩은 7,000여 페이지(일설에는 5,000여 페이지)가 현존한다. 분량이 확 줄어든 이유가 있다. 멜치가 사망하면서 수첩이 이리저리 뜯겨나간 것이다. '코덱스 라이체스터'('코덱스 해머'라고도 함)라 불리는 36쪽짜리 수첩이 화제가 된 적이 있다. 1994년 11월 뉴욕 크리스티 경매장을 통해 빌 게이츠에게 3,000만 달러에 팔렸기 때문이다.

가장 유명한 수첩은 기록문 1,222가지와 데생 1,700여 개가 수록된 402쪽짜리 '코덱스 아틀란티쿠스'다. 암브로지오 박물관이 소장하고 있다. 또 '코덱스 애런델'이라 불리는 수첩도 유명하다. 17세기의 열성적 골동품 수집가 애런델 공이 모은 것이다. 566쪽짜리로 대영박물관이 소장하고 있다.[16]

다빈치는 인류 역사상 자타가 공인하는 최고 인재, 통섭형 인재다. 특히 돋보이는 것은 천재성 이상으로 지독한 노력을 했다는 점이다. 그래서 인재다. 만약 노력 없이 하늘이 준 재능만으로 다방면에 걸쳐 많은 공헌을 했다면 결코 멀티어의 모델로 내세울 수는 없는 것이다. 기업은 재능 있는 사람보다 노력하는 사람을 원하기 때문이다.

플로렌스 나이팅게일
열정의 화신, 여성 멀티어의 전형

레오나르도 다빈치를 대표적 '르네상스형 인간'이라고도 한다. 르네상스형 인간은 한 가지에만 몰입하지 않는다. 다양한 관심사를 추구하면서 삶의 보람을 느낀다. 기꺼이 새로운 관계나 낯선 상황에 빠져들기를 좋아한다. 만족할 때까지 새로운 도전에 몰입한다. 그것을 해결한 후에야 새로운 열정을 품고 다른 관심사로 옮겨간다. 통섭형 인재를 달리 표현한 것이라 할 수 있다.

자, 이제 또 한 사람의 멀티어, 르네상스형 인간을 보자. 플로렌스 나이팅게일이 그 주인공이다.

그는 '광명의 천사' '백의의 천사' '등불을 든 천사'라는 별칭으로 불린다. 영국의 부유한 가정 출신이다. 1820년 5월 부모가 이탈리아를 여행하던 중 피렌체에서 출생했다. 어린 시절부터 간호에 대한 관심이 매우 커 영국과 독일에서 간호사 교육을 받았다. 20대 어린 나이에 유럽과 이집트 등지를 견학한 뒤 정규 간호교육을 받았다. 33세에 런던 숙녀병원 간호부장이 됐다.

그는 1854년 크림전쟁의 참상을 다룬 보도에 자극받았다. 국민 모금을 통해 기금을 마련한 뒤 38명의 간호사와 함께 이스탄불 스쿠타리에 있는 영국 야전병원 근무를 자원했다.

우리는 흔히 그를 '전장에서 병사들에게 친절하고 헌신적으로 봉사한 간호사' 정도로 기억한다. 그래서 '백의의 천사'인 줄 안다. 만약 그런 수준이었다면 멀티어의 모델로 제시될 수 없다. 그가 오늘날 르네상스형 인간, 통섭형 인재로 평가받는 것은 단순히 그런 이유 때문이 아니다. 열정을 갖고 종횡무진 다방면에서 큰 활약을 했기 때문이다.

그는 새로 부상한 수학적 통계학의 개척자로 인정받을 정도로 수학 지식이 뛰어났다. 야전병원에서 깨끗한 위생이 사람들의 사망률을 줄일 수 있다는 사실을 통계적 방법으로 증명했다. 그때까지만 해도 야전병원에서 병사들이 죽는 것은 주로 부상 때문인 것으로 알았다. 그러나 나이팅게일은 위생 상태가 나빠짐으로써 장티푸스나 콜레라 같은 전염병이 발생해 사망률이 치솟는다는 것을 밝혀냈다.

그는 이런 증거들을 들이밀며 위생 상태 개선을 관계자들에게 건의하고 설득했다. 그 결과 42퍼센트에 이르던 사망률이 2퍼센트까지 떨어졌다. 또 자기 신념과 목표를 달성하기 위해 끈질기게 야전병원 개혁에 앞장섰다. 끝없이 편지를 보내 상사들을 설득했다. '행동파'였던 것이다. 얼마나 집요했던지 건의를 받은 고위 관리들은 그의 이름만 들어도 고개를 절레절레 흔들 정도였다고 한다.

그는 부상자들의 고통만큼이나 야전병원을 관리하는 육군의 무능과 무관심에 절망하기도 했다. 그러나 끈질기고 초인적인 불굴의 노력으로 군인들을 감동시켰다. 그럼으로써 '크림의 천사'라는 칭송까지 듣게 됐다. 이런 활동은 후에 앙리 뒤낭의 적십자 창설 동기가 됐다.

그는 빅토리아 여왕에게 병원 개혁안을 건의했다. 새로운 형태의 자료 정리법과 여러 형태의 도표를 이용한 것이었다. 당시의 일반적 보고서 형식을 타파한 형식이었다. 이런 방식으로는 최초라고 평가받고 있다.

그는 1856년 전장에서 귀국한 후에도 계속해서 의료체계 개선과 병원 개혁에 전력했다. 크림전쟁 종군 공로로 받은 상금, 국민으로부터 받은 기부금을 바탕으로 런던의 성꿿 토마스 병원 내에 나이팅게일 간호사 양성소Nightingale Home를 창설해 현대 간호교육의 기초를 닦았다.

간호사의 역사는 나이팅게일의 출현 이전과 이후로 나뉜다고 해도 과언이 아니다. 그 이전의 간호사는 천대받는 직업이었다. 사회적 지위가 낮은 여성이 갖는 직업이었다. 그런 인식과 지위를 바꾼 사람이 바로 나이팅게일이다. 간호사의 사랑과 희생을 통해 무수한 생명을 구해내면서 그 헌신을 인정받아 간호사의 위상을 높였다. 의사들과 동등할 정도의 기술적 공헌을 하는 전문 직업으로 바꿔놓은 것이다.

나이팅게일은 현대 간호교육의 기초를 닦고 오늘날의 간호사가 있게 한 장본인이다. 하지만 그 자신은 전쟁터에서 얻은 병으로 평생 고생했다. 그럼에도 불굴의 의지로 평생 의료 개혁에 온 힘을 쏟았다. 또 여러 곳의 병원과 간호 시설을 창립하고 개선하는 데 힘썼다. 보불전쟁과 미국의 남북전쟁 때는 외국 정부의 고문으로도 활약했다. 그뿐만이 아니다. 왕성한 문필 활동으로 『병원에 관한 노트』 『간호 노트』 등 수많은 저작물을 남겼다. 서한은 1만 200통이나 된다. 실로 대단한 업적이다.

그 업적을 인정해 1907년 영국 왕 에드워드 7세는 공훈장을 수여했다. 만국적십자사에서는 나이팅게일 상을 제정해 세계 각국의 우수 간호사에게 수상한다. 「나이팅게일 선서」는 간호사의 좌우명이 됐다. 그는 장수했다. 1910년 90세로 세상을 떠났다. 영국의 넬슨 제독 같은 전쟁 영웅들이 묻혀 있는 세인트폴 대성당에 잠들었다.

우리는 나이팅게일을 천사같이 마음씨 착하고 헌신적인 간호사 정도로 기억한다. 그 증거가 있다. 자기계발서 중에 나이팅게일을 거론한 책을 찾기가 쉽지 않다는 점이다. 멀티어십을 연구하면서 자료 탐색을 하다가 나이팅게일에 관한 기록을 봤다. 무릎을 칠 정도로 기뻤다. 첫째는 여성이라는 점에서 좋았다. 여성 멀티어의 모델을 만나기가 쉽지 않았기 때문이다. 둘째는 통계학 개척자 중 한 사람이라는 것이 놀라웠다. 끈질기게 혁신을 추구한 창의적 행동가라는 점에 감탄했다. 셋째는 문학적 소양까지 갖췄다는 점이다. 한마디로 열정, 행동력, 다방면에 걸친 통섭형 인재, 멀티어의 대표적 인물 중 한 사람이다.

이순신 장군
군신이라는 이름의 멀티어

이순신 장군. 특별히 설명할 필요가 없을 정도로 한국사에서 가장 위대한 인물을 표상한다. 그런 추앙은 그를 수식하는 '성웅'이라는 칭호에 집약돼 있다.

1598년(선조 31년) 11월 19일 노량해전에서 전사할 때까지 23전 23승. 그것도 언제나 열세인 상황에서 기막힌 전술과 아이디어로 얻은 결과다. 그중에서도 명량해전은 세계사에 길이 남을 해전이다. 13척의 배로 적함 133척을 전멸시켰으니 말이다. 임진왜란으로부터 300년 후 러시아 발트 함대를 격파한 일본의 도고헤이 하치로 제독은 사람들이 자신을 영국의 넬슨 제독에 버금가는 군신이라고 추어올리자 이렇게 말했다고 한다.

"넬슨은 군신이라 할 수 없다. 세계 역사상 군신이라 할 수 있는 사람은 이순신뿐이다. 나는 그에 비하면 부사관 정도다."

사실 이순신 장군에 대해서는 긴 설명이 필요 없을지 모른다. 나는 그를 오늘날의 직장인으로 각색해 『1인 혁명가가 되라』에서 이렇게 묘사한 적이 있다.

"그는 탁월한 창의력과 놀라운 전략으로 절체절명의 위기에 처한 회사를 구해낸 최고 공신이다. 회사가 어려울 때 들어가서 열심히 일했고 고비마다 회사의 난관을 극복하는 데 결정적 기여를 했다. 그럼에도 승진은 별로 빠르지 못했다. 그는 회사의 주류가 아닌 변방이었다. 그래서 혁혁한 공로에도 불구하고 본사의 요직에 기용되지 못하고 언제나 최일선 영업 현장에서 경쟁사와 피 터지는 싸움을 도맡아 해야 했다.

그가 진두지휘하면 회사 실적은 눈에 띄게 달라졌다. 그러나 실적이 뛰어날수록 주위의 견제와 모함은 그에 비례해 심해졌다. 심지어 상관마저도 그를 시샘했다. 회사가 위기에 처하면 하는 수 없이 중용했으나 조금 상황이 나아진다 싶으면 내치곤 했다. 그는 묵묵히 맡은 바 책임을 완수할 뿐 윗사람에게 아부할 줄을 몰랐기 때문이다. 그는 신념의 사나이였다.

심지어 모함의 덫에 걸려 억울하게도 두 번씩이나 좌천되고 강등됐다. 그럼에도 그는 회사의 어려움을 극복하는 것이 우선이라는 일념으로 최선을 다해 일했다.

한때 그가 모함으로 인해 영업 일선의 총괄 책임자에서 물러나자 경쟁사는 쾌재를 불렀고 회사는 크게 흔들렸다. 다른 영업 책임자가 그의 역할을 맡기에는 역부족이었다. 회사가 위기에 봉착하자 이사회는 그가 또다시 일선 현장을 지휘할 것을 결의했다. 후안무치한 일이었으나 그는 불평 한마디 하지 않고 현장에 뛰어들었다. 그를 맞은 일선 영업사원들은 사기충천해 사력을 다해 뛰었다. 결국 경쟁사는 그에게 두 손을 들고 만다.

그러나 어쩌랴. 그는 혼신의 노력으로 역사에 남을 만큼 보람찬 '자기 세상'을 일궜지만 결국 일을 하다가 현장에서 쓰러지고 말았다. 그의 나이 54세였다. 일설에 의하면 경쟁사가 그를 해코지했다고도 하고 과중한 스트레스를 이기지 못해 스스로 죽음의 길을 택했다고도 한다.

그가 어떤 자세로 일했는지는 훗날 그의 비망록이 햇빛을 봄으로써 세상에 알려졌다. 그는 과묵하면서도 강직했고 진실했다. 비망록에는 그가 어떻게 초인적 공로를 세울 수 있었는지 상세하게 기록했다. 그뿐만 아니라 여자와 잠자리를 같이한 것에서부터 상관에 대한 섭섭함과 자기를 음해하는 동료를 향해 욕지거리를 한 것까지 솔직하게 기록했다. 터질 듯 억울하고 답답한 심정을 그렇게나마 달랠 수밖에 없었을 것이다. 그도 인간이었으니까.

그럼에도 일에 임해서는 아무런 내색을 하지 않고 언제나 대의를 생각하며 자기희생을 감수했다. 그는 최선을 다했다. 아니, 최선을 넘어 사력을 다했다. 세월이 흘러, 오늘날 그 회사는 세계적 회사로 크게 번영했다. 그리고 회사의 체제와 CEO가 바뀌면서 드디어 그의 위대한 공적이 제대로 평가되고 있다. 회사의 본부 대광장 중앙에는 그의 동상까지 세워졌다. 후배들로 하여금 그의 역사적 공적을 기리고 그의 발자취를 따르게 하기 위해서이다."[17]

어떤가? 현대 직장인의 모습으로 각색하니까 역시 멀티어라는 것이 실감 나는가?

통섭형 인재의 전형으로 서양에 레오나르도 다빈치가 있다면 우리에게는 이순신 장군이 있다. 나는 이순신 장군을 전형적 멀티어로 꼽는다. '언제 어디서 어떤 임무를 맡든 간에 제대로 해내는' 멀티어에 딱 맞기 때문이다. 그는 달빛만 고와도 잠을 이루지 못하는 섬세한 선비였다. 전장에서는 추상같은 위엄으로 물러섬이 없었다. 부하들과 막걸리를 나눌 정도로 따뜻하게 소통했다. 그러면서도 『난중일기』에는 그에게 곤장을 맞은 자, 목을 베인 자도 적잖이 기록돼 있다. 상황에 따라 적절한 리더십을 발휘한 것이다.

김덕수 교수는 『맨주먹의 CEO 이순신에게 배워라』에서 이순신 장군을 여덟 가지 지수로 분석한다. 예컨대 'MQMulti Quotient(다양성 지수: 전인적 르네상스 컬러형 멀티 플레이어)' 'PQPassion Quotient(열정 지수: 혼魂의 정신으로 무장한 프로페셔널)' 'OQOriginality Quotient(창의력 지수: 세계 최고의 전술, 세계 최초의 거북선)' 등이 그것이다.[18] 한마디로 그는 군신의 차원조차 뛰어넘는 '전인적 르네상스형 멀티어'다.

로완 중위
극한 상황에서 자기 임무를 다하다

앤드루 로완 중위. 여러분도 익히 알고 있는 이름일 것이다. 1899년 2월 22일 저녁. 출판인 엘버트 허버드Elbert Hubbard는 작은 잡지 『필리스틴The Philistine』 3월호에 무엇을 게재할지 고민하고 있었다. 그러다가 아들 버트가 "로완 중위야말로 진정한 영웅"이라고 중얼거리는 이야기를 들었다. 섬광처럼 번쩍이는 아이디어가 떠올랐다. 그 즉시 글을 써 「가르시아 장군에게 보내는 편지」라는 제목으로 칼럼을 실었다. (온라인 백과사전 '위키피디아'를 검색해보면 당시 로완은 대위로 막 진급한 상태다. 그럼에도 어떤 연유인지 '로완 중위'라고 알려져 있다. 여기서도 편의상 '중위'로 하겠다.)

그 짧은 글은 경제공황으로 실의에 빠져 있던 미국 사회에 엄청난

반향을 일으켰다. 미국뿐만이 아니었다. 러일전쟁에 참전한 러시아 병사들 모두에게도 배포됐다. 일본의 공무원과 군인들에게까지 보급될 정도였다. 나중에는 단행본으로 제작돼 전 세계에서 1억 부 이상 팔렸다. 100년 전의 글임을 고려하면 세상살이의 원리는 동서고금이 마찬가지라는 것을 새삼 깨닫게 된다.

여러분도 이미 들었을 로완 중위 이야기는 이렇다. 1898년 당시 미국은 쿠바를 식민 지배하는 스페인과 긴장감이 높아지고 있었다. 전쟁이 일어나면 귀중한 협력자가 될 쿠바 내 저항군과 관계를 수립하는 것이 매우 중요한 현안이었다. 미국의 매킨리 대통령은 반군과 협력하기 위해 반군 지도자와 긴급히 연락을 취해야 할 상황이었다. 그 지도자는 칼리스토 가르시아였다. 그러나 그가 쿠바의 깊은 밀림 속 어딘가에서 요새에 머무르고 있다는 사실만 알고 있을 뿐이었다. 정확한 위치는 아무도 몰랐다. 그러니 편지나 전보로 연락을 취할 수 있는 상황이 아니었다. 누군가가 직접 찾아 나서야만 했다. 이 답답한 상황에서 매킨리 대통령은 군사지식관리국의 와그너 대령에게 적절한 장교를 추천하라고 지시했다.

"각하, 가르시아 장군에게 편지를 전할 수 있는 사람은 로완 중위 뿐입니다."

곧 로완 중위가 불려 왔다. 그는 가르시아 장군에게 전달할 대통령의 편지를 받았다.

"이 메시지를 가르시아 장군에게 전달하게."

로완 중위는 그가 어디에 있는지, 어떻게 생겼는지, 어떻게 그곳에

도착할 수 있는지 따위의 어떤 질문도 하지 않았다. 그리고 작은 배에 몸을 실었다. 사흘 밤낮을 항해해 쿠바 해안에 상륙했다. 정글 속으로 사라진 뒤 3주 만에 가르시아 장군에게 편지를 전하는 임무를 완수했다. 그러고는 정글 반대편 해안에 무사히 도착했다.

앤드루 로완 중위는 유명해진 다음에도 묵묵히 군인으로서 삶에 충실했다. 훈장(수훈십자훈장 DSC)을 받은 이후 로완은 필리핀 주둔 미군 기지에서 복무했다. 그 후 캔자스 주립대학에서 군사학, 전술학을 가르쳤다. 은퇴한 뒤에는 샌프란시스코에서 여생을 보냈다. 1943년 85세로 세상을 떠나 알링턴 국립묘지에 묻혔다.

「가르시아 장군에게 보내는 편지」라는 칼럼이 나올 때만 해도 로완에 대해 많은 것이 알려지지는 않았다. 그러나 로완이 유명해지면서 여러 가지 정보가 추가됐다. 칼럼이 쓰인 지 25년 정도 지난 1923년, 『뉴욕타임스』는 「25주년을 맞이해 가르시아 장군에게 보내는 편지 Message To Garcia 25 Years Old」라는 기사를 통해 로완이 가르시아 장군을 만나게 된 과정을 실었다.

로완은 지금의 웨스트버지니아 주 갭밀스에서 아버지 존 M. 로완과 어머니 버지니아 서머스의 아들로 1857년 태어났다. 20세에 웨스트포인트에 입학해 1881년에 소위로 임관했다. 미국과 스페인 사이에 전쟁이 일어난 1898년 이전의 몇 년 동안은 미국 변경의 여러 주둔지에서 근무했다. 남미에서 군사정보 업무를 다루기도 했다. 이때 특히 쿠바에 많은 관심이 있어서 쿠바에 관한 책을 내기도 했다. 그러니까 쿠바에 관해 잘 아는 전문가였다.

대통령의 명령을 받은 로완은 1898년 4월 23일 자메이카 수도 킹스턴에 도착해 본국의 지시를 기다렸다. 그런데 지시받은 암호 문장은 "되도록 빨리 가르시아를 만날 것Join Garcia as soon as possible"뿐이었다. 추가 지시나 상세 정보는 전혀 없었다. 그는 자메이카를 횡단해 다음 날 밤 한 시에 세인트앤베이에 도착했다. 그곳에서 다시 배를 타고 쿠바 연안에 도착했다. 길도 없는 숲 속을 일주일 동안 헤매면서 스페인 탈영병들로부터 가르시아에 대한 정보를 수집했다. 그렇게 강을 건너고 산을 넘었다. 5월 1일, 드디어 쿠바 오리엔티산에서 가르시아 장군을 만났다. 대통령의 명령을 완수한 것이다.

가르시아 장군과 다섯 시간 정도 접촉한 로완은 오후 다섯 시에 쿠바 장교 세 명을 동반하고 반군 진지를 출발했다. 악전고투 끝에 키웨스트에 도착해 배를 타고 미국으로 귀환했다.

어떤가? 원래 이 스토리는 예전부터 직장인 사이에 많이 알려진 것이다. 특히 세일즈맨을 교육할 때 단골로 등장하는 사례다. 그런데 이 스토리는 읽을 때마다 감동적이다. 대통령으로부터 명령을 받고 임무 수행을 위해 묵묵히 걸어가는 로완 중위의 모습이 상상된다. 그리고 칠흑 같은 밤에 작은 배를 타고 쿠바 해안에 도착하고 정글 속으로 사라지는 젊은이의 모습이 그려진다. 실제로 칠흑 같은 밤이었는지 작은 배였는지는 모르지만 왠지 그런 극적 장면으로 상상이 된다.

로완 중위의 사례를 보면서 어떤 생각이 드는가? 우리 주위를 돌아보자. 이 이야기를 여러분의 회사에 적용해보자. 경영자가 어떤 사원을 불러놓고 밑도 끝도 없이 단도직입적으로 어떤 지시를 내린다면 반응이 어떻겠는가.

엘버트 허버드는 이와 관련해 실험을 한번 해보라고 권한다. 예를 들어 어떤 직원에게 이런 지시를 내렸다고 해보자.

"백과사전을 보고 코레지오의 삶에 관해 짤막한 메모 좀 작성해주게."

엘버트 허버드는 바로 그 일을 하러 가는 직원이 거의 없을 것이라고 말한다. 대신 이런 질문이 나올 것이라고 했다. "코레지오가 누굽니까?" "죽은 사람인가요?" "백과사전이 어디 있죠?" "어느 백과사전 말씀인데요?" 심지어 "급합니까?"라고 되묻는 질문이 나올 것이라고도 했다. 그렇지 않은가?

내가 로완 중위를 멀티어의 전형으로 꼽은 이유가 있다. 레오나르도 다빈치나 이순신 장군 같은 엄청난 통섭형 인재는 아닐지 모른다. 인문학과 자연과학을 넘나드는 해박한 지식의 소유자였다는 증거는 없다. 그러나 그는 '언제 어떤 임무를 맡든 간에 기필코 수행해낸다'는 멀티어의 개념에 딱 들어맞는 인물이다. 로완 중위야말로 멀티어다. 그의 정신은 멀티어십 바로 그것이다. 회사는 바로 그런 인재를 원한다.

김병만 개그맨
진정한 달인, 멀티어십의 현실적 모델

어떤 이가 '통섭과 인재'에 관한 글을 썼는데 흥미로운 내용이 있었다. 열거한 통섭형 인재 명단에 의외의(?) 인물이 있었던 것이다. 레오나르도 다빈치, 다산 정약용, 스티브 잡스, 이순신 장군, 칼리 피오리나 휴렛팩커드 전 회장 등 쟁쟁한 인물들 사이에서 인기 개그맨 김병만 이름이 눈에 들어왔다.

그가 통섭형 인재의 반열에 들게 된 이유는 이렇다. 단순한 개그를 하는 것이 아니다. 무술과 스포츠 등 다양한 분야를 통합해 새로운 형태의 개그를 창안했다. 이를 통해 사람들에게 웃음과 아이디어를 준다. 축하합니다, 김병만 씨!

처음 그의 이름을 발견했을 때는 좀 의외로 받아들였다. 하지만 잠시 생각해보니까 충분히 그럴듯했다. '융복합, 통섭형 인재'라고 할 수도 있다. 하지만 오히려 내가 주창하는 멀티어에 더 가깝다는 판단이다. 물론 그의 자세와 정신이 멀티어십인 것은 당연하다.

김병만. 스스로 밝힌 158.7센티미터의 작은 키 때문에 학창 시절에 콤플렉스가 심했던 사람. KBS2 TV 「개그콘서트」의 최장수 코너 '달인'의 주인공으로 크게 주목받은 사람. 그를 보면 정말 언제 어디서 무엇을 하든 몸을 사리지 않는 투혼으로 어려운 묘기를 보여주는 '전천후 특공대 정신'의 화신임을 느끼게 된다. 그가 출연한 장면을 보면 피나는 노력이 그대로 엿보인다. 정말 대단한 젊은이다.

특히 2011년 6월에 방송된 SBS TV 「일요일이 좋다-김연아의 키스앤크라이」에서 보여준 모습은 인상적이다. 발목 인대 부상에도 피겨스케이팅으로 찰리 채플린을 연기했다. 그 장면은 심사위원은 물론 시청자들을 눈물짓게 한 감동으로 기억된다. 그가 언제 고급 스포츠라 할 수 있는 피겨스케이팅을 해봤겠는가?

그러나 그는 임무(?)를 훌륭히 완수했다. 말 그대로 사력을 다했다. 연기를 마치고는 밀려오는 통증으로 서 있을 수조차 없었다. 결국 무릎을 꿇은 채 심사평을 들어야 했다. 그 모습을 보고 심사위원인 김연아 선수가 눈물을 흘리며 말했다.

"제가 봐왔던 피겨 연기 중에 정말 최고의 연기였습니다."

그 바람에 김병만에게는 '진정한 달인'이라는 칭호가 덧붙었다.

그뿐만이 아니다. SBS 예능 프로그램 「정글의 법칙」에서는 나미비아, 파푸아, 바누아투, 시베리아 툰드라, 마다가스카르, 남미 에콰도

르 갈라파고스 제도, 아마존 등등 오지를 목숨을 걸고 누볐다. '병만족'이라는 이름으로 세계의 오지를 탐험하는 그를 보면 제정신인가 싶을 때도 있다. 하지만 그는 프로 방송인으로서 멀티 역량을 유감없이 쏟아내는 것이다. 탐험지의 강렬한 햇볕과 피나는 고생으로 "정글에 갈 때마다 2년씩 늙는다"고 말할 정도다. 계속해서 어디서 무엇을 하든 몸과 마음을 아끼지 않는 독한 근성을 보여준 것이다.

김병만은 이론적·교과서적으로 다루는 인재상은 아닐지 모른다. 인문학과 자연과학을 꿰뚫는 지식 대통합형의 통섭적 인재도 아닐지 모른다. 그러나 언제 어떤 임무를 부여하든 혼신을 다해 기필코 해내려는 정신과 자세가 돼 있다. 멀티어와 멀티어십의 모델로 손색이 없다. 아니다. 넘치고도 남는다.

뒤에서 다루겠지만 그를 멀티어십의 핵심 요소 일곱 가지에 대입해보면 왜 멀티어이자 멀티어십의 모델이 되고도 남는지 알 수 있다. 인성, 창의성, 전문성, 긍정성, 유연성, 도전성, 실행성 모두를 체크해보라. 틀림없이 고개를 끄덕이며 긍정하게 될 것이다.

회사는, 아니 세상은 바로 김병만 씨 같은 사람을 원한다. 그런 멀티어십을 요구한다. 우리가 통섭형 인재 운운하며 레오나르도 다빈치나 이순신 장군, 스티브 잡스 등을 거론하면 목표로 삼기에 버거워서 주눅이 들지도 모른다. 하지만 김병만을 모델로 삼는다면 실현성에 훨씬 더 자신이 생긴다. 그렇지 않은가? 온 힘을 다해 노력한다면 충분히 이룰 수 있는 목표가 되기 때문이다. '김병만이 해냈다면 나도 할 수 있다'는 희망과 자신감을 갖게 되는 것이다.

다빈치 형이냐,
맥가이버 형이냐

지금까지 통섭형 인재, 멀티어, 멀티어십의 모델이 될 수 있는 다섯 사람을 살펴봤다. 다섯 사람 저마다 스타일에 있어서 약간씩, 때로는 상당히 큰 차이와 특성이 있음을 알 수 있을 것이다. 당연히 그럴 수밖에 없다. 레오나르도 다빈치가 이순신 장군보다 낫다거나 로완 중위나 김병만의 멀티어십이 이순신 장군보다 못하다는 식으로 단순 비교해서도 안 된다. 어떤 유형이 더 적합한지는 조직의 상황과 수준에 따라 다를 것이기 때문이다.

유영만 교수는 『체인지』에서 재미있는 상상으로 이와 관련한 비교를 한다. 레오나르도 다빈치와 맥가이버를 비교한 것이다. 다빈치와 맥가이버가 낭떠러지에서 동시에 떨어지면 어떤 일이 벌어질까? 재미있는 상상이다. 다빈치는 다방면에 걸친 해박한 지식과 식견을 갖춘 천재다. 하지만 위기 탈출에 필요한 노하우를 고민하다가 결국 낭떠러지에 떨어져 사망할 것이다. 그러나 맥가이버는 임기응변의 천재다. 아래로 추락하다가 나뭇가지를 잡고 다양한 기술과 기발한 방법으로 다시 기어올라 살아날 것이다. 다양한 문제 상황에 맞춰 대담함, 용기, 지식, 동원 가능한 도구를 활용해 절체절명의 위기를 극복해내는 맥가이버가 뛰어난 문제해결사다. 맥가이버가 오히려 멀티어에 가깝다는 해석이다.

물론 다빈치 형이 맥가이버 형에게 밀린다는 말은 아니다. 직업과 상황에 따라 다빈치 형이 더 적합할 수도 있다. 때로는 맥가이버 형이 나을 수도 있다. 그것은 여러분이 처한 입장과 상황에 따라 달라질 것이다.

이런 사례들이 좋은 것은 그들의 이름을 마음에 담아두는 것만으로도 마음을 추스르는 효과가 있기 때문이다. 버락 오바마 미국 대통령은 집무실에 에이브러햄 링컨 전 대통령의 흉상을 세워뒀다고 한다. 고민스런 문제가 생길 때마다 '링컨이라면 이럴 때 어떻게 할까?' 하며 묘안을 찾는다고 한다. 여러분도 그렇게 해보라. 어떤 임무를 받았을 때 '그들이라면 어떻게 했을까?' 생각해보는 것도 멀티어십을 발휘하는 데 큰 도움이 될 것이다.

멀티어십으로
무장하라

멀티어가
되는 길

지금까지 통섭의 시대에 걸맞은 새
로운 패러다임으로 멀티어와 멀티어십이 탄생한 배경을 설명했다.
그리고 멀티어로서 롤모델이 될 사람들이 어떻게 살고 일했는지 돌
아봤다. 마음속에 꽉 잡히는 것이 있을 것이다.

그럼 이제부터 본론으로 들어간다. 우리가 추구할 궁극적 목표,
그리고 멀티어가 되기 위해 갖춰야 할 것, 바로 멀티어십에 대해 알
아보자. 앞에서 말한 대로 멀티어십이란 새 시대에 직장인들이 인재
로 대접받기 위해 반드시 갖춰야 할 능력, 정신 자세, 마음가짐, 덕
목, 태도를 말한다.

멀티어십의 핵심 요소 일곱 가지

제대로 된 멀티어십을 발휘하려면 어떤 요건을 충족해야 할까? 어
떻게 해야 조직이 원하는 신인재로서 멀티어십이 될까?

멀티어십을 구성하는 핵심 역량은 여러 가지가 있을 수 있다. 앞
에서 언급한 인재의 조건이 모두 포함될 수 있다. 인문학과 사회과학
에 두루 정통해야 한다는 통섭의 조건도 포함될 수 있다. 어쩌면 다
다익선일 수도 있다. 많은 요소가 충족될수록 멀티어십도 완성도가
높을 것이다. 그러나 과욕이다. 요건이 많아질수록 현실과 거리가 멀
어진다. 이론에 그치고 만다.

나는 끝까지 '기업의 입장과 관점'을 잃지 않으려 한다. 이론이나 이상이 아니라 현실과 실제를 중시하려 한다. 기업에서 꼭 필요로 하는 인재가 갖춰야 할 멀티어십의 핵심 역량을 최소한으로 골라내려 한다.

광범위한 조사와 검토 끝에 일곱 가지를 선정했다. "왜 꼭 일곱 가지냐"고 질문한다면 사실 설명이 궁색해진다. 멀티어십을 계속 연구하다 보면 더 늘어날 수도 있기 때문이다(핵심 역량이 줄어들 것 같지는 않다. 멀티어십을 처음 발표했을 때보다 두 가지가 더 늘었다). 마치 스티븐 코비가 『성공하는 사람들의 7가지 습관』을 저술하고 나서 『성공하는 사람들의 8번째 습관』을 낸 것처럼 말이다(영국의 말콤 글래드웰로 불리는 올리버 버크먼은 이것을 보고 "이러다가 책을 팔기 위해 아홉 번째, 열 번째 계속 만들어낼 것 아닌가?"라고 꼬집었다).

어쨌거나 인성, 창의성, 전문성, 긍정성, 유연성, 도전성, 실행성, 이렇게 일곱 가지를 멀티어십의 핵심 역량으로 제시한다. 자, 이제부터 멀티어십의 역량을 하나씩 설명하겠다.

멀티어십과 인성
'된 놈'이 가장 '센 놈'이다

　　　　　　　　　　멀티어, 멀티어십에서 가장 중요한
역량 하나를 선택하라면 역시 인성이다. 꼭 멀티어가 아니더라도 인
재의 가장 중요한 조건은 '사람'이다. 이럴 때 사람이란 인성을 의미
한다.

　앞에서 밝힌 대로 조벽 교수도 글로벌 시대가 요구하는 인재의 세
가지 조건 중 하나로 인성을 꼽는다. 그는 인성을 인재의 세 번째 조
건으로 꼽았다(물론 중요도 순서대로 말한 것은 아닐지 모른다). 하지만 인
성이야말로 모든 역량의 바탕이며 동시에 핵심이다. 조벽 교수는 인
성을 가리켜 '일을 할 수 있게 하는 능력'이라고 했다. 인성이 좋아야
일을 제대로 할 수 있다는 말이다. 인성은 단순히 인간 됨됨이가 아

멀티어십 역량 모델

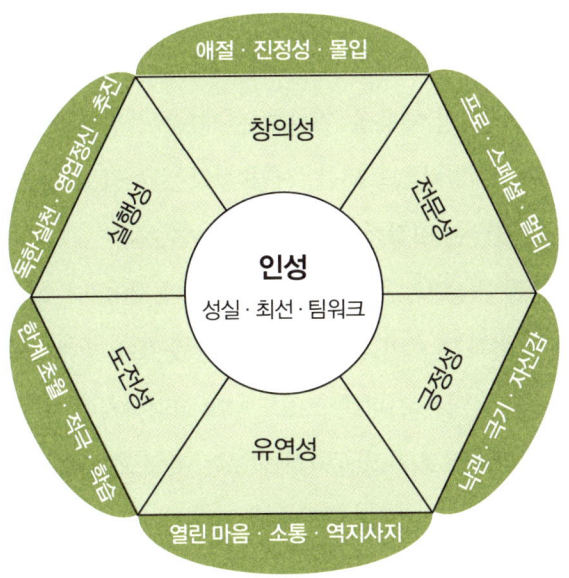

니라 업무 추진 '능력'이라는 말이다. 뜻깊은 해석이다.

회사는 뭐니 뭐니 해도 인성이 좋은 사람을 선호한다. 취업 포털 잡코리아 김화수 사장의 말이다.

"직장을 구하려는 많은 사람이 스펙을 올리는 데 힘쓰고 있습니다. 그러나 정작 기업에서는 인성을 중요한 평가 항목으로 삼고 있습니다."

실제로 그렇다. 잡코리아는 2011년 상반기에 사원 수 100명 이상인 기업 200개사를 대상으로 '신입사원 선발 기준'을 조사했다. 그것을 보면 인성의 중요성을 새삼 느끼게 된다. 설문 응답 기업의 80퍼센트가 '업무 능력이나 스펙보다 인성이나 태도에 더 비중을 두고 채용한다'고 했다. 나머지 20퍼센트의 기업만이 인성에 비해 업무 능력이나 스펙을 더 중시하는 것으로 나타났다.

반면 이들 기업이 채용을 기피하는 제1순위 신입사원은 '불성실한' 사람(30.5%)이었다. 그 뒤를 '책임감 없는' 사람(22.0%)이 이었다. 결국 인성의 결함이 결정적 하자가 됨을 보여준다.

직장인들을 대상으로 한 조사 결과도 있다. 2012년 취업 포털 인쿠르트 조사 결과를 보면 직장인들도 직장 동료에 대해 비슷한 판단을 한다. 실무 능력은 21퍼센트 정도밖에 고려하지 않는다. 이에 비해 인성은 71퍼센트로 가장 중요하게 보는 것으로 나타났다.

'잘난 놈'보다 '된 놈'이 인재다

우리는 핵심 인재의 제1조건을 '창의성'이라고 하는 경우가 많다. 내가 쓴 책에도 그렇게 언급한 것이 있다. 자기계발 관련 여러 책에서도 창의성을 가장 중요하게 다룬 것이 적지 않다.

그런데 인성이 가장 중요하다고? 이게 무슨 말인가 헷갈릴지 모르겠다. 인성을 제외하고 나머지 업무 능력 가운데서 조사했을 때는 창의력이 제일이라는 말이다. 업무 능력을 중심으로 보면 창의성이 제1조건이다. 하지만 업무 능력과 인성 등 모든 것을 놓고 비교하면 인성이 한 수 위라 할 수 있다. 창의성조차도 그 바탕은 인성에서 비롯되기 때문이다. 인성은 창의성과 비교 대상이 아니다. 창의성이 업무 능력의 범위에서 우위 요소라면 인성은 절대적 제일 요소다.

창의성과 인성의 관계에서 박서원 CEO는 창의성을 최고로 발휘해야 하는 크리에이터의 자질로 인성을 첫손가락에 꼽는다. 그는 『생각하는 미친 놈』에서 매우 흥미 있는 표현을 했다.

"나는 실력이 출중한 '잘난 놈', 뛰어난 리더십과 호소력을 지닌 '센 놈', 건강하고 올바른 인성을 가진 '된 놈' 중에 한 사람을 고르라면 주저 없이 '된 놈'을 택할 것이다. '된 놈'은 결국 노력과 끈기를 바탕으로 '잘난 놈'이 되고 결국 가장 '센 놈'이 되리라 믿기 때문이다."[19]

사실 일정한 기준과 시험에 통과해 직장에 들어온 사람들의 능력이란 거기서 거기다. 오십보백보다. 문제는 사람 됨됨이다. 웬만한 실력 차이는 인성으로 얼마든지 커버하고도 남는다.

박효남 씨를 아는가? 세계 최대 호텔 체인인 힐튼호텔그룹 역사상 처음으로 현지인 총주방장이 된 요리사다. 중학교 졸업 성공 신화의 주인공으로 유명하다. 인터뷰에서 그는 이렇게 말했다.

"나는 후배들에게 '요리는 인성'이라고 말해요. 어디에서나 인사 잘하고 배우려는 열정으로 가득 찬 사람들은 사랑받습니다. 하나라도 더 배우지요."[20]

'요리는 인성'이라는 말이 흥미롭지 않은가? 어떤 직업을 갖든 어떤 일을 하든 결국 인성으로 귀결됨을 알 수 있다. 역시 '사람'이 돼야 한다는 말이다. 그러기에 기업은 스펙 이상으로 인성을 중시한다. CEO들은 많은 경험을 통해 '사람'의 중요성을 뼈저리게 느낀다. 그래서 그 어떤 능력보다도 인성을 최고의 능력으로 치는 것이다.

그럼 인성이라면 구체적으로 무엇을 말할까? 인성의 사전적 의미는 각 개인이 가지는 사고, 태도, 행동 특성을 말한다. 세부적으로 들어가면 근면성, 성실성, 정직성, 책임감, 성취 능력, 추진력, 협동성, 사회성, 대인관계, 자발성, 능동성, 진취성, 준법성, 질서의식, 신뢰감, 지도력, 섭외 능력, 사교성, 집중력, 침착성, 인내성, 정서 안정, 정신 건강, 감정 상태, 신경 발달 등 범위가 매우 넓다. 매우 광범위하고 추상적이다. 나는 세 가지만 강조하고자 한다. 바로 성실, 노력, 협동성(팀워크)이다.

인성의 최고 덕목은 성실: 성실이 위대함을 낳는다

우선 성실부터 따져보자.

성실은 인성의 다른 표현이라고 할 만큼 대표성을 갖는다. 창의력, 전문성 등 핵심 인재가 갖춰야 할 여러 조건도 성실의 바탕 위에서 가치가 있음은 말할 것도 없다. 성실을 전제하지 않고는 그런 능력을 최대로 발휘할 수 없다. 설령 창의력이 뛰어나고 전문성이 탁월하더라도 성실이 뒷받침되지 않으면 사상누각이다. 능력이 부족한 것만도 못할수 있다. 창의력이나 전문성이 오히려 범죄나 부정의 도구가 될 수도 있으니까. 실제로 주위에서 그런 사례를 많이 볼 수 있지 않은가?

성실하지 않으면 멀티어십은 없다

멀티어십도 마찬가지다. 성실하지 않으면 멀티어십은 불가능하다. 언제 어디서 무엇이든 할 수 있는 정신 자세와 태도는 성실성에서 나온다. 아무리 멀티 능력을 가지고 있더라도 성실한 인성이 충족된다는 전제하에서만 가치가 있다. 성실하지 않은 사람은 분명히 회사의 어려운 일을 감당하려고 하지 않을 것이다. 어떤 이는 이렇게 말하기도 한다.

"아날로그 시대에는 성실하고 말 잘 듣는 사람이 인재로 대접받았다. 하지만 디지털 시대에는 도발적이고 도전적인 사람이어야 창의력이 있고 경쟁력이 있다."

억지 주장이다. 착각이다. 창의력과 성실은 대체 요소이거나 대립 개념이 아니다. 우리는 흔히 톡톡 튀는 유형의 사람, 도발적인 사람을 창의적으로 보는 경향이 있다. 자유분방해야 창의성이 나온다고 말하는 이가 많다. 대개 예술 분야의 창의적 천재들을 보고 그렇게 말하는 것 같다. 그러나 그렇지 않다는 것이 내 확고한 신념이다.

창의도 창의 나름이다. 예능·예술적 창의와 비즈니스적 창의는 다르다. 예능·예술적 창의는 톡톡 튀고 자유분방한 것에서 나올 수 있다. 그러나 비즈니스적 창의는 무엇보다 성실을 바탕으로 한 진지함에서 나온다. 아니 예능·예술적 창의도 결국은 진지성에서 나온다고 보는 것이 맞겠다. 예능·예술에 성실하고 진지하다 보니까 결국은 튀게 되고 자유분방하게 보이는 것이 아닐까? 다시 강조하지만 창의는 진지함과 진정성에서 잉태된다. 진지함과 진정성, 그것이 바로 성실성의 다른 표현이다.

점점 더 돋보일 성실의 가치

성실의 사전적 의미는 '정성스럽고 참된 것'이다. 정성스럽다는 것은 온 힘을 다해 지성을 다한다는 것이다. 참되다는 것은 거짓이 없이 진실되다는 것이다. 요즘 세상에 성실을 말하면 왠지 고리타분한 사람으로 여겨질지 모른다. 눈 없으면 코 베어 갈 세상에 웬 성실 타령이냐고 볼멘소리를 할 수도 있다. 그러나 역설적으로 바로 '요즘 세상'이기 때문에 성실이 더욱 강조된다. 그 가치도 높이 평가된다.

성실 운운하면 진부하고 구태의연한 것 같다. 하지만 세상살이의 원리는 예나 지금이나 다를 바가 없다. 더욱이 세상이 변해 성실한 사람을 찾아보기가 힘들수록 그 가치는 더욱 돋보인다. 단언하건대 앞으로 점점 더 성실의 가치가 높이 평가받을 것이다. 틀림없이 성실의 경쟁력이 더 강해질 것이다. 멀티어십을 인정받으려면 무엇보다 성실한 인성을 갖추라고 권한다.

예나 지금이나 사람을 평가하는 제일의 요소는 성실이다. 삼성그룹을 일궈낸 호암 이병철 회장은 일찍이 유명한 어록을 남겼다.

"열보다 하나가 나을 때도 있다. 사람은 숫자가 많다고 좋은 것이 아니다. 성실한 사람만 골라서 쓰도록 하라."[21]

성실에 대해 강조한 사람은 많다. 니체는 성실이 위대함을 낳는다고 했다.

"위대함은 과연 어디서 오는가? 어떤 사람이 위대한가? 사람들이 어째서 그를 위대하다고 하는가? 무엇이 그를 위대하게 보이게 하는가? 그것은 자기 자신에 대한 성실함을 그가 일생 동안 변함없이 보여줬기 때문이다. 그것이 그를 위대하게 만들었으며 위대하게 보이게 하는 것이다."

디즈레일리는 이렇게 말했다.

"지혜를 짜내려고 애쓰기보다는 먼저 성실하라. 사람의 지혜가 부족해서 일에 실패하는 일은 적다. 사람에게 늘 부족한 것은 성실이다. 성실하면 지혜도 생기지만 성실치 못하면 있는 지혜도 흐려지는 법이다. 성실이 부모라면 지혜는 그 자식이다. 성실이 나무라면 지혜는 그 열매이다."

마음에 딱 꽂히는 말이다. 그래서일까? 세계 최고 기업이라는 GE는 사원을 평가할 때 정직과 성실성을 핵심 가치로 꼽는다고 한다. 업무 능력이 아무리 뛰어나도 정직과 성실성이 기준에 미달하면 해고한다는 것이다. 어디 GE뿐이겠는가? 모든 기업이 성실을 인재의 핵심 가치로 보는 데는 동일할 것이다.

누군가 말했다. 우리나라 사람은 앞으로 '영어를 말할 줄 아는 사람과 못하는 사람' 두 종류로 나뉠 것이라고. 그만큼 영어가 성공의 관건이 된다는 말이다. 나는 그것에 빗대어 이렇게 말하고 싶다.

"앞으로 사람은 두 종류로 나뉠 것이다. '성실한 사람과 그렇지 못한 사람'으로."

성실에 대해 말하면 사람들은 그저 묵묵히 맡은 일만 수행하는 숙맥 정도로 받아들이는 경우가 있다. '묵묵히'라는 말의 이미지가 그러니까. 입을 굳게 다물고 말없이 좋든 싫든 그저 시키는 대로 열심히 일하는 사람을 머리에 떠올리게 된다. 요령 없고 과묵하고 외톨이 같은 사람을 상상하게 된다. 잘못된 것이다.

성실은 그런 것이 아니다. 성실은 기본에 충실한 것이다. 더불어 원칙에 충실한 것이다. 원칙에 충실하다는 것이 무엇인가? 그것은 열정적이고 적극적이며 치열함을 뜻한다. 한마디로 최선을 다하는 것이 성실이다. 그래서 성실한 사람은 최선을 다하기 마련이다. 그럼으로써 어떤 상황에서든 무엇이든지 해내는 멀티어가 되는 것이다. 성실이야말로 '요령 없는' 것이 아니라 최고의 요령이다. 차원 높은 처세다.

성실 하면 떠오르는 사람이 마하트마 간디다. 젊은 시절 간디도 한때는 방탕한 생활을 즐기기도 했다. 그러나 곧 성실과 정직의 화신 같은 일생을 살게 된다. 간디의 파워와 리더십은 성실로부터 비롯한 것이다. 간디는 메모 한 번 보지 않고 두어 시간의 감동적 연설로 군중을 휘어잡곤 했다. 누군가 그런 신비한 능력에 대해 궁금해했다. 간디의 비서 마하데프 데자이는 이렇게 설명했다.

"당신들은 간디를 모릅니다. 보다시피 그가 생각하는 것은 그가 느끼는 것입니다. 그가 느끼는 것은 그가 말하는 것입니다. 그리고 그가 말하는 것은 그가 행하는 것입니다. 간디가 생각하는 것, 느끼는 것, 말하는 것, 행하는 것은 모두 일치합니다. 그는 연설문이 필요 없습니다. 당신과 나는 느끼는 것과 다른 생각을 하기도 합니다. 우리의 말은 누가 듣고 있느냐에 따라 다릅니다. 우리의 행동은 누가 보고 있느냐에 따라 다릅니다. 이 점에서 간디는 우리와 다릅니다. 그에겐 준비된 원고가 필요하지 않습니다."[22]

성실로써 충직하라

성실의 또 다른 형태가 충직함이다. 충직함이란 충성스럽고 정직함이다. 충직이 충성과 다른 것은 좀 더 깊이 있는 성실한 충성심, 우직한 충성심이라는 것이다. 로완 중위가 대통령의 명을 받들어 말 없이 쿠바로 떠나는 장면을 다시 상기해보자. 우직할 정도로 충성스런 뒷모습을 상상할 수 있을 것이다. 자기 목숨까지 잃을지 모르는 사지로 떠나는 모습, 그 충성심은 가슴을 뭉클하게 하고도 남는다. 대통령에 대한 충성심이든 나라에 대한 충성심이든 말이다.

멀티어십은 충성심에서 나온다. 우직한 충성심에서 말이다. 직장(또는 상사)의 명령에 따라 언제 어디서 무엇을 하든지 '전천후 특공대'처럼 일하려면 당연히 충성심이 뒷받침돼야 한다. 충성심 없는 사람이 위험을 무릅쓰고 힘든 일을 할 리 만무하다. 이치가 이런데도 직장인들이 오해와 편견을 갖고 알레르기 반응을 보이는 것이 바로 충성이다.

"탈권위 시대다 글로벌 시대다 하는 세상에 무슨 충성 타령이냐?"

이렇게 힐난하는 사람도 있다. '케케묵은 사고방식'이라고 말한다. 젊은이일수록 그런 경향이 강하다. "그래서 나이 든 구세대 사람들이 문제"라며 성토하기도 한다. 직장 내에서 일어나는 세대 갈등의 한 원인도 충성, 충직에 대한 이해 차이에서 비롯하는 수가 많다.

그러나 분명히 강조한다. 세상이 탈권위화하고 위계가 해체될수록 충성의 가치는 오히려 더 높아진다고. 요즘은 충성심조차도 계량화해 수치로 나타낼 정도다. 어떤 계산법인지는 몰라도 회사의 실적이 좋지 않고 불황이 이어지면서 사원들의 충성도가 급격히 떨어졌다고 한다. 미국의 한 컨설팅 회사가 조사한 결과를 보자. 2007년 6월과 2008년 12월 사이에 미국 직장인들의 충성심은 95퍼센트에서 35퍼센트까지 급격히 낮아졌다고 한다.

우리나라도 예외가 아니다. 취업 포털 인크루트의 조사가 있다. 직장인들의 충성도가 3년 전에 비해 낮아졌다. 10점 만점에 평균 4.6점. 2008년 조사치 6.4점보다 1.8점 낮다. 충성도 수준은 연령이 낮아질수록 하락하는 것으로 나타났다. 예상했던 그대로다. 20대 젊은 직장인들이 4.1점으로 가장 낮았다. 30대 4.5점, 40대 5.3점, 50대 이상 5.4점이었다. 50대 이상이라 해도 5점대에 머물렀다. 전반적으로 낮은 충성도를 보인다. 사정이 이러니까 충성심 운운하면 반발하는 분위기가 있는 것이다.

그러나 입장을 바꿔 생각해보자. 당신이 CEO라면 어떤 사원이 가장 마음에 들겠는가. 역지사지하면 금방 답이 나온다. 충성심은 능력보다 앞선다. 조사 결과를 보면 세계 500대 기업 대부분이 직원 선택 기준으로 충성심을 능력보다 더 중요시한다고 한다. 세계 500대 기업이라면 많은 경우 미국을 포함한 서구 기업들이다. 동양적 가치관과 거리가 먼 것 같은 그쪽에서 충성심을 그렇게 중시한다. 그렇다면 우리네야 말할 것도 없다.

'충성심은 있으나 능력이 없는 사람'과 '능력은 있으나 충성심이 없는 사람'이 있다고 하자. 여러분은 어떤 사람을 선택할까. 극단적 예를 들었으니 양쪽 모두 '골치 아픈 사람'임에 틀림없다. 그러나 반드시 양자택일해야 할 상황이라면 아마도 전자를 선택할 것이다. 충성심이 없다는 것은 결국 믿을 수 없다는 것이다. 믿을 수 없는 부하와 어떻게 일을 함께할 수 있겠는가.

능력은 닦달하고 훈련시키고 함께 거들면 어느 정도 극복할 수 있다. 하지만 충성심은 그런 식으로 해결하기 어렵다. 능력이 좀 부족하더라도 충직한 사람은 강렬한 충성심으로 인해 능력이 계발된다. 120퍼센트로 능력을 발휘하는 동력이 된다. 그러기에 충성심으로 능력을 어느 정도 극복할 수 있다. 그러나 충성심이 희박한 사람은 절대로 자기 베스트를 다하지 않는다. 그러니 충성심 강한 사람이 능력 좋은 사람을 이겨낼 수 있다는 계산이 나온다.

우리는 '유능하다' '무능하다'고 구별해 말한다. 하지만 따지고 보면 평균선에서 왔다갔다하는 것이 일반적이다. 부하의 탁월한 능력이 꼭 필요한 경우라면 그런 전문가를 스카우트하면 된다. 능력을 사오는 것은 얼마든지 가능하다. 그러나 충성심은 살 수 없다. 살 수 있는 충성심이라면 진정한 의미의 충성심이 아니다. 그러므로 상사들, 특히 고위 경영층일수록 능력이 탁월한 사람보다 충직한 사원을 더 선호하고 아낀다.

충성이란 회사와 상사에 대해 진정에서 우러나오는 정성을 다하는 것이다. 충성하면 희생을 당하는 것 같을지도 모른다. 하지만 일시적으로 그럴 뿐이다. 어떤 형태로든 보상받게 된다. 충성심 없는 직장인은 성장하는 데 반드시 한계가 있다. 당연히 멀티어가 될 수 없다.

멀티어, 즉 다양한 능력과 재주가 있는 사람이 항상 주의를 기울여야 할 으뜸이 충직함이다. 자칫 충성심이 희박하고 불성실할 수 있다는 말이다. 똑똑하다거나 다재다능하다는 사람들은 일반적으로 깊이가 없고 '얍삽하다'는 결함이 있다. 충성과 정직에 문제가 있을 수 있다는 이야기다. 자기 능력이 뛰어나다는 지나친 자신감으로 상사를 깔보고 회사를 우습게 본다. 당연히 충직함에 문제가 생긴다.

여러분이 멀티어가 되고자 한다면 충직함을 재점검해봐야 한다. 멀티어십의 여러 요소 중에서 정직한 충성심은 가장 기본이 된다. 다른 모든 것에서 우수하더라도 충성이 흔들리면 결국 사상누각이기 때문이다. "충성이야말로 최고의 능력"이라고 한 중국의 유명 컨설턴트 구경겸의 말을 깊이 새기도록 하라. 그럼으로써 충성을 다해 멀티어십을 발휘하기를 권한다.

멀티어십은 곧 성실이다. 정직하고 충성하는 것이다. 지극히 작은 일에도 성심성의를 다하는 것이다. 작은 일에도 최선을 다하는 사람이라면 큰일에 어떻게 임할 것인지 알 수 있다. 여기에도 '깨진 유리창 법칙'은 적용된다. 아무리 능력이 뛰어나더라도 성실의 유리창이 깨져 있다면 모든 유리창이 깨진 것과 같다는 말이다.

아무쪼록 성실하라. 정직하게 충성하라. 지금의 직장에 불만이 있고 언젠가 떠날 생각을 할 수도 있다. 그래도 일하는 동안에는 어디서 무엇을 하든 우직하고 정성스럽고 참되게 일해야 한다. 그것이 멀티어로서 승승장구할 수 있는 지름길이다.

최선의 노력이 제1의 능력이다

다음은 인성의 두 번째 요소인 노력에 대해 살펴보자.

노력이란 최선을 다하는 것이다. 최선을 다하는 사람, 노력하는 사람 앞에는 장사가 없다. 최선의 노력이야말로 제1의 능력이라는 의미도 된다. 앞에서 살펴본 멀티어 5인의 공통점도 바로 '최선의 노력'이라 할 수 있다. 최선을 다하는 것이다.

노력형 인간은 꾀를 부리지 않는다. 꼼수를 부리지 않는다. 당연히 성실하다. 그러기에 끈질기게 최선을 다한다. 자신의 한계가 어디든 온 힘을 다한다. 직장에서 일이란 사실 최선을 다하면 해결할 수 있는 것이다. 회사에서 요구하는 일 중 인간의 한계에 도전해야 하는 것은 거의 없다. 느닷없이 태평양을 헤엄쳐 건너라는 것도 아니다. 하늘의 별을 따 오라는 것도 아니다. 사람이 할 수 있는 일을 명령한다. 성실과 노력으로 할 수 있는 일을 요구한다. 그러기에 최선을 다하면 이룰 수 있는 일들이다. 설령 이루지 못하더라도 온 힘을 다해 노력을 쏟은 것만으로도 평가를 받는다.

'필사즉생 필생즉사'의 정신

잘 알려진 대로 충무공 이순신 장군은 온갖 시련 속에서 온 힘을 다했다. 최근에는 『난중일기』에서 지금까지 알려지지 않았던 32일치 일기 내용이 추가로 밝혀졌다. 거기에는 영웅으로만 알려진 이순신 장군의 인간적 면모가 그대로 드러난다.

상급자인 권율에 대한 갈등과 비판, "하늘과 땅에 원균처럼 흉패하고 망령스런 이가 없다"고 썼을 만큼 가슴 깊이 갖고 있던 혐오감, 순천부사 권준과 같이 부실한 부하들에 대한 불만 등이 고스란히 나타난다. 그럼에도 충무공은 그것을 안으로 삭이며 최선을 다했다.

1597년 9월 15일, 명량대첩을 앞두고 부하들에게 내린 훈시가 유명하다. 그 대목은 바로 "필사즉생 필생즉사 必死則生 必生則死". 죽고자 하는 자는 살 것이요 살고자 하는 자는 죽을 것이라는 뜻이다. 온 힘을 다해 노력하는 불멸의 정신을 잘 보여주는 것이라 할 수 있다. 같은 시대에 영의정까지 했으며 '오성과 한음' 일화로 유명한 오성 이항복은 충무공이 이런 말을 자주 했다고 한다.

"장부로 세상에 태어나 나라에 쓰이면 죽기로써 최선을 다할 것이다. 쓰이지 않으면 들에서 농사짓는 것으로 충분하다. 권세에 아부해 한때 영화를 누리는 것은 내가 가장 부끄럽게 여기는 바이다."

'필사즉생 필생즉사'는 쉬운 말로 '죽기 살기' 정신이다. '죽기 살기'란 최선을 다해 노력하는 것을 의미한다.

사람들은 '최선을 다하라' '최선을 다하고 있다'는 말을 자주 한다. 그런 말을 하는 이유가 있다. 최선이야말로 목표를 이룰 수 있는 가장 확실한 요령이라는 믿음이 깔려 있기 때문이다. 최선은 그런 것이다. 온 정성과 힘을 쏟는 것이다. 최선을 다하면 이룰 수 있게 된다. '최선은 인간이 할 수 있는 최고의 가치'라는 말까지 있다. 최선을 넘는 것은 신의 영역이니까.

최선은 말 그대로 자기가 할 수 있는 최상, 최고의 능력을 발휘하는 것이다. 비교우위의 가치가 아니라 절대우위의 가치다. 최선을 다하면 능력의 한계를 초월해 새로운 세계가 열린다. 단순히 자기가 할 수 있는 모든 것을 다했다는 것에 그치지 않는다.

최선에는 혼신을 다한다는 의미가 있다. 남기는 것 없이 모든 능력을 다 쏟아붓는 것이다. 후회 없음을 뜻한다. 그래서 사람들은 "최선을 다했기에 후회가 없다"고 말한다. 하지만 그 말은 아이러니한 말이다. 대부분 최선을 다하지 않았음에 대한 후회와 변명이 도사리고 있기 때문이다. 다 그렇지는 않겠지만 말이다.

이럴 때 최선이란 핑계에 불과하다. 성취하지 못한 것을 얼버무리기 위해 최선 운운하는 것이다. 자기가 생각하는 최선일 뿐이다. 자기 능력에 한계를 정해놓고 최선이라 말한다. 자기 능력의 극한이라고 믿을 뿐이다. 잠재 능력을 스스로 부정하는 최선이다. 이룰 수 있는 기회를 스스로 제한하는 수사修辭일 뿐이다. 그러기에 "최선을 다하고 있다"고 함부로 말해서는 안 된다.

참된 최선은 성실을 바탕으로 한 최선이다. 더는 할 수 없는 최선이다. 모든 것을 거는 최선이다. 그러기에 최선을 다하면 신의 영역이 아닌 한 목표를 이룰 수 있다.

에리히 프롬의 충고와 '진인사대천명'

최선은 자기를 완전히 연소하는 것이다. 철학자 에리히 프롬은 저서 『소유냐 존재냐』에서 "삶의 보람은 소유所有보다 존재存在에 있으므로 소유 중심으로 세상을 살지 말고 존재 중심으로 살기"를 권했다.

무엇인가 성취하고 소유하는 것에 삶의 가치와 목표를 두면 항상 불만족스럽게 된다는 것이다. 인간의 욕심은 끝이 없다. 소유의 충족이 불가능하기 때문이다. 그러나 '존재'에 삶의 가치와 목표를 두면 다르다. 무엇을 이뤘느냐, 무엇을 가졌느냐가 아니라 어떻게 존재하느냐에 가치를 두기 때문이다. 그래서 그는 말했다.

"운명이 네게 도달하도록 허용한 지점이 어디든 간에 지금 존재하는 곳에서 완전히 존재하라."[23]

운명이 나를 어디까지 몰고 갈지 모른다. 아등바등 발버둥쳐봐도 운명이 내게 도달하도록 허용하는 한계가 있을 것이다. 그 한계가 어디까지인지는 아무도 모른다. 내일 아침에도 숨 쉬고 있을 것이라는 확실한 보장이 없는 것이 인생사 아니던가. 참된 삶을 살려면 지나치게 미래나 목표 지향으로 삶을 살지 말고 바로 '오늘' 속에 완전히 존재하는 삶을 살라는 것이 에리히 프롬의 충고다.

오늘, 지금, 현재 있는 그 자리, 그 직책, 그 업무, 그 일에 최선을 다하는 것. 그것이 완전히 존재하는 삶이다. 정말 좋은 멀티어가 되고 싶다는 목표와 꿈이 있는가? 그렇다면 무엇보다 지금 이 순간, 존재하고 있는 그 자리에서 완전한 최선을 실천해야 한다. 그러면 목표도 꿈도 이룰 수 있다. 설령 목표와 꿈을 이루지 못하더라도 자기 자신을 완전히 연소함으로써 후회가 없게 된다.

이와 관련해 머리에 떠오르는 구절이 '진인사대천명盡人事待天命'이다. 그런데 그 말은 '최선을 다한 후에는 하늘의 명령을 기다린다'는 의미로 해석하기보다 '진정으로 최선을 다하면 하늘이 도와준다'는 의미로 받아들여야 할 것이다. 그럼으로써 목표한 것, 소망한 것이 이뤄지게 된다. '하늘은 스스로 돕는 자를 돕는다'는 말도 있다. '스스로 돕는다'는 것이 바로 '최선을 다한다'는 의미다. 그러면 하늘이 도와서 목표가 이뤄진다. '진인사대천명'과 같은 의미다.

몇 가지 의미 깊은 구절을 소개해보겠다. 최선을 다하는 노력에 대해 음미해보자.

"외적 조건은 결코 인생의 성공 기준이 아니다. 최선을 다한다면 그것이 성공이다. 내일은 아무도 모르기에 모든 가능성은 열려 있다. 누구에게나 실패에 대한 두려움이 있다. 최선이 바로 성공이다. 사람들 대부분은 최선을 다하지 않고 적당한 선에서 노력을 멈추고 만다. 이 정도면 됐다고 생각한 시점에서 좀 더 분발해 '더는 할 수 없다'고 느껴지는 한계까지 노력한다면 좀 더 훌륭한 일을 해낼 수 있을 것이다."(닉 부이치치, '사지 없는 인생' 대표)

"최선이라는 말은, 이 순간 자신의 노력이 나를 감동시킬 수 있을 때 쓸 수 있는 말이다."(조정래, 소설가)

"모든 일은 나름대로 가치를 가집니다. 어떤 일에서나 최선을 다하면 누군가 나를 지켜봐 준다는 것이죠. 성실함 속에 세상의 모든 기회가 숨어 있습니다."(콜린 파월, 미군 최초 흑인 합참의장·미국 전 국무부장관)

남과 다르게 그리고 함께

멀티어십의 역량과 인성의 요소에서 중요한 것이 팀워크다. 우수한 실력과 능력을 갖췄더라도 팀워크를 이루지 못한다면 모래알에 불과하다. 팀워크가 없으면 우수한 실력과 능력이 오히려 조직의 발전을 저해할 수도 있다.

사회가 발전해 개인주의로 흐를수록 다른 사람과 협력하고 조화를 이룰 수 있는 능력(팀워크 능력)이 절실히 필요하다. 독불장군으로는 될 일이 별로 없다. 멀티어는 당연히 될 수 없다. 상대를 배려하고 때로는 자신을 희생할 수도 있는 인성이 뒷받침될 때 팀워크가 조성된다. '함께할 수 있는' 인성이야말로 글로벌 시대가 요구하는 인재상의 덕목이다. 멀티어십의 요체다.

비이기적 경쟁심을 본받아라

마이클 조던은 '농구의 황제' '농구의 신'이라 불리는 미국 농구계의 전설이다. 아니, 세계 스포츠계의 전설이다. 거듭된 은퇴, 복귀, 정상 재탈환 신화를 통한 위업은 어떤 찬사로도 표현하기 힘들다. 하지만 무엇보다 그가 돋보이는 것은 팀워크를 존중한 인물이라는 사실 때문이다.

그가 어떤 선수인지는 필 잭슨 감독의 말에서 실감할 수 있다. 잭슨 감독은 20년간 감독 생활을 하면서 열한 번 우승을 차지했다. 역시 미국 프로 농구의 전설로 불린다.

"조던은 한 경기당 30득점을 쉽게 할 수 있는 선수다. 그러나 팀의 목표와 팀 동료를 더욱 우수하게 만들기 위해 이를 포기하고 전적으로 헌신한다. 수많은 선수가 건방진 태도로 NBA에 들어온다. 그들은 덩크슛을 성공시킨 다음에 자기 가슴을 두들긴다. 상대방 선수를 약 올리거나 화를 내며 경기한다. 하지만 조던은 자신의 멋진 플레이에 우쭐하지 않는다. 다른 사람을 무너뜨림으로써 자신을 내세우려는 사람이 아니다. 단지 팀 동료를 위해 거기 서 있을 뿐이다. 용감한 리더의 행동이다. 그것이 바로 우승 반지보다 더 중요한 그의 유산이다. 미래의 선수들은 조던의 '비이기적 경쟁심unselfish competitiveness'을 본받아야 한다."

얼마나 멋진 말인가. 아니, 얼마나 멋진 사람인가. '비이기적 경쟁심'이라는 표현이 너무 좋다. 이것이야말로 경쟁사회에서 어떻게 팀워크에 기여할 수 있는지 잘 나타내는 말 같다. 전설적 멀티플레이어 마이클 조던, 아니 멀티어 조던은 팀을 위해 자신을 희생하는 것으로 멀티어십을 발휘한 것이다.

2011년 8월, 대구에서 세계육상선수권대회가 열렸다. 여자 마라톤 경기. 오전 아홉 시, 21개국 55명의 선수가 총성과 함께 출발선을 떠났다. 세계육상선수권대회는 기록보다는 순위 싸움이다. 선수들 간에 신경전이 최고조에 달한다.

한 시간 반가량 신경전이 이어졌다. 30킬로미터 지점을 지나면서 승부에 불이 붙었다. 에드나 키플라갓, 샤론 체롭, 프리스카 젭투 등 케냐 선수 세 명이 나란히 선두에 서서 스피드를 올리기 시작했다.

하지만 선두로 레이스를 이끌던 키플라갓이 40킬로미터 지점인 대구육상조직위원회 앞에서 그만 넘어지고 말았다. 급수대에 놓인 물병을 집으려다가 바로 뒤에서 달리던 동료 체롭의 다리에 걸려 땅바닥에 무릎을 찧은 것이다.

키플라갓은 곧바로 일어났다. 하지만 고통스러운 기색이 역력했다. 그런데 엉겁결에 키플라갓을 제치고 몇 발짝 앞서 나갔던 체롭이 더는 뛰지 않고 뒤로 돌아왔다. 그러고는 키플라갓을 일으키려 했다. 그러자 바로 뒤에서 3위로 달려온 젭투도 속도를 줄였다. 그렇게 동료의 따뜻한 배려에 힘을 얻은 키플라갓은 다시 뛰기 시작했다.

키플라갓은 무릎 통증을 참아내며 막판 스퍼트를 했다. 두 시간 28분 43초. 맨 먼저 골인 지점을 통과했다. 젭투가 2위, 체롭이 3위를 차지했다. 세 사람의 기록은 불과 몇 초 차이다. 키플라갓이 넘어졌을 때 2위였던 체롭이 멈추지 않고 그냥 달렸다면 거리가 벌어질 수 있었다. 최종 순위가 바뀔 수도 있었다. 마라톤은 페이스가 한 번 흔들리면 다시 회복하기 어렵기 때문이다. 경기가 끝난 후 젭투와 체롭이 말했다.

"동료인 키플라갓이 쓰러진 것을 보고 그냥 갈 수 없었다."

당연한 말이다. 하지만 실천하기는 어렵다. 올림픽과 세계육상선수권 마라톤에서 같은 국가 선수들이 1, 2, 3위를 휩쓴 것은 그때가 처음이라고 한다. 팀워크가 새로운 역사를 기록하게 한 것이다. 무엇보다 그들의 인성, 비이기적 경쟁심이 돋보인 레이스였다.

평판보다 인성에 신경 써라

이왕 스포츠 스타들을 사례로 내세웠으니 인성과 멀티를 강조한 또 한 사람의 스타를 보자.

존 우든은 '20세기의 가장 위대한 스포츠 지도자'이며 '농구의 아버지'라고 칭송받는 전설적 농구 감독이다. 12년 동안 무려 88연승, 전미대학농구선수권대회NCAA 열 차례 우승 등 경이적 기록을 세웠다. 스포츠 전문가들은 그 기록이 깨지지 않을 것이라고 말한다. 또 미국인들이 최고 영예로 여기는 대통령 훈장 '자유의 메달'을 수상했다. 선수와 코치로 농구 '명예의 전당'에 두 번이나 오른 최초 인물이기도 하다. 2010년 6월, 100세에 세상을 떠났다.

우든의 죽마고우 스티브 제이미슨은 이렇게 회상했다.

"존 우든이 비즈니스계에 몸을 담았다면 마치 스티브 잡스나 빌 게이츠처럼 성공했을 것이다. ……존 우든은 농구 감독 이상의 리더였다."

우든은 특히 선수의 품성을 눈여겨봤다. 당장의 경기 승패보다 대학 선수다운 성적과 인성을 강조하며 이렇게 말했다.

"좋은 리더가 되려면 팀원의 삶과 행복에 진심으로 마음을 쏟아야 한다."

그는 팀워크와 사랑을 강조한 특유의 리더십을 발휘했다. 그 결과 스포츠계를 뛰어넘어 '리더십의 구루'라고 칭송받았다. 성공 비결은 바로 리더로서 임무를 100퍼센트 이해했다는 사실이다.

"나는 선수들을 모두 똑같이 사랑한다. 하지만 모두 똑같이 좋아하지는 못한다."

참 절묘하고도 의미심장한 명언이다. 이 말을 곱씹어보면 부하와 리더가 어떻게 행동해야 할지 알게 된다. 즉 리더로부터 호감을 사는 것은 부하 자신의 몫이요 부하를 사랑하는 것은 리더의 몫이라는 말이 된다.

우든은 또 완벽하고도 현실적인 리더십, 멀티적 리더십을 제시한 것으로도 유명하다. 그는 농구팀이든 비즈니스계의 조직이든 리더의 실천이야말로 가장 많이 가르칠 수 있는 본보기라고 강조했다.

"직원들로 하여금 모든 일을 잘하는 만능(멀티)이 되길 원한다면 경영자도 그에 맞춰 많은 종류의 모자를 쓸 준비가 돼 있어야 한다."

그는 좋은 리더는 스승이 돼야 한다고 믿었다. 유능한 스승(리더) 은 선생, 사감, 카운슬러, 역할 모델, 심리학자, 동기유발자, 시간관리자, 품질관리 전문가, 재능평가자, 심판관, 오거나이저 등 다양한 (멀티적) 역할을 해야 한다고 말했다.

품성, 인성을 강조하면서 동시에 스스로 많은 역할을 감당할 수 있는 사람이 돼야 한다는 것이 존 우든의 철학이다.

"명성보다는 인성에 신경 써라. 평판이란 단지 사람들이 당신을 어떻게 생각하느냐 하는 것이지만 품성은 진정한 당신 자체이기 때문이다. 정상에 오르는 데는 능력이 필요할지 모르지만 정상을 지키기 위해서는 인격이 필요하다. 당신 자신의 길을 주장하려 하지 말고 최선의 길을 찾기 위해 애써라. 혼자 일하는 것보다는 팀을 이뤄 일하는 것이 훨씬 많은 성취를 이뤄낼 수 있다."[24]

함께 멀리 가는 멀티어가 되라

앞에서 아프리카 케냐 선수 사례를 이야기하다 보니 우리에게도 잘 알려진 케냐 마사이족이 생각난다. 그들에게 이런 속담이 있다.

"빨리 가려면 혼자 가고 멀리 가려면 함께 가라."

세상 물정 모를 것 같은 아프리카 원주민에게 그런 뜻깊은 속담이 있음을 보면 세상살이의 이치는 동서고금이 마찬가지라는 생각이 든다. 그렇게 '걷기'에 대한 확고한 철학(?)이 있기 때문일까. 마사이족이라면 특이하게 생긴 웰빙 신발 '마사이 신발'이 생각날 정도다.

그렇다. 혼자서 빨리 갈 수 있는 능력이 있더라도 팀원과 보조를 맞추며 함께 가는 것 역시 중요하다. 그래야 서로 힘을 보태며 멀리 갈 수 있다. 사막을 건널 때 식량보다 더 중요한 것이 함께 가는 동료라는 말도 그래서 나왔을 것이다.

요즘 농협의 CF를 보면 '같이의 가치'라는 표현을 사용한다. '같이' 와 '가치'의 발음이 같다는 것에 착안한 광고 카피다. 농협이 협동조합이기에 '협동'과 비슷한 의미를 갖는 '같이'를 강조해 그렇게 만든 것이다. 협동조합의 성격을 잘 드러낸 광고라고 생각한다.

같이의 가치. 꼭 농협만의 가치는 아니다. 누구에게나 어떤 조직에서나 유념하고 받아들여야 할 가치다. 그것은 곧 협동의 가치이자 팀워크의 가치라 할 수 있다. 말을 바꿔보자. 팀워크를 이루기 위해서는 협동해야 한다. 함께 해야 한다. 같이해야 한다.

"남과 다르게 그리고 함께creative & teamwork"라는 말이 있다. 그것이 융복합, 통섭의 시대를 살아가는 생존 방식이자 경쟁에서 승리하는 길이라는 것이다. 통섭의 시대에는 창의적 인재를 최고 인재로 꼽는다고 앞서 말했다. 창의란 곧 '남과 다르게' 하는 것이다. 그러나 '남과 다르게'가 '홀로 가는 것'을 의미한다면 가치가 없다. 독불장군은 결코 크게 이루지 못한다.

팀워크의 가치와 GNT 법칙

과학자들을 세 부류로 나눈다고 한다. R&D에 강한 학자, R&BD에 강한 학자, R&CD에 강한 학자다. 잘 아는 바와 같이 R&D는 연구개발이다. R&BD는 R&D에 사업 감각을 추가한 것이다. R&CD는 연계를 추가한 것이다. 그런데 일류 학자가 되려면 무엇보다 연계, 즉 네트워킹에 강해야 한다고 한다. 그런 학자는 자기 강점과 취약점을 정확히 파악하고 있다. 그리고 세계의 과학자들 가운데 누가 자신에게 부족한 역량을 채워줄 수 있는지 안다. 그와 연계해 협동으로 자신의 가치를 제고한다. 그렇게 함으로써 더 큰 역량을 발휘할 수 있다. 학자가 발휘하는 멀티어십인 셈이다.

멀티어십과 연계. 그 둘은 배려, 양보, 겸양에서 비롯된다. 자기가 먼저 배려하고 양보하고 겸양하지 않으면 남의 협조를 받기 어렵다. 연계가 불가능해진다. 그래서 차원 높은 멀티어십 발휘가 불가능해진다.

멀티어십을 발휘하려면 받으려 하기보다 먼저 베풀 줄 알아야 한다. 먼저 배려하고 먼저 양보해야 한다. 그래서 멀티어는 GNT 법칙을 고수한다. GNT 법칙이란 잘 알려진 'Give & Take 법칙'을 말한다. 성경(「마태복음」 제7장 12절, 「누가복음」 제6장 31절 등)에서 황금률이라고 하는 것이다. '남에게 대접받고자 하는 대로 너희도 남을 대접하라'는 원칙이다.

세계 경영학계의 구루인 톰 피터스는 리더십과 관련해 성경의 황금률을 모범 답안으로 제시한 적이 있다. 멀티어십에서도 "베푼 만큼 받으리라"는 황금률(GNT 법칙)은 그대로 유효하다.

아무쪼록 남과 다르게 하되 함께하기 바란다. 그러기 위해 GNT 법칙을 가슴 깊이 새겨두고 일할 것을 권한다. 그것이 바로 멀티어의 방식이자 멀티어십이다.

『신동아』에 나온 KT 이석채 회장 인터뷰가 인상적이다. KT가 지향하는 인재상에 대한 이야기다. 우리 논의와 관련되는 부분을 요약해 소개한다.

"나는 모든 것의 중심은 사람이며 모든 변화는 사람이 만드는 것이라 생각한다. 그래서 사람 중심의 경영을 추구하며 직원의 태도를 가장 중요하게 여긴다. 똑똑한 직원일지라도 태도나 마음가짐이 올바르지 못하면 문제가 될 수 있다. 그리고 직원들에게 세 가지를 강조한다. 남과 다르게 생각하는 '혁신', 남이 시키지 않아도 내가 먼저 해보는 '솔선수범', 항상 내 일이라고 생각하는 '주인의식'이 그것이다."[25]

멀티어십과 창의성
머리를 써라, 항상 궁리하라

"사람이 중요하다"는 말을 많이 한다. 이때 '사람'이란 '보통사람'을 말하는 것은 아니다. 당연히 '인재'를 의미한다. 기업은 물론이고 어떤 조직이든, 심지어 국가 차원에서도 인재를 갈망한다. 피 터지게 치열한 경쟁을 이겨내려면 이길 수 있는 경쟁력을 갖춘 사람이 필요하기 때문이다.

세계는 지금 두 가지 자원 확보 전쟁을 치르고 있다. 하나는 천연자원 확보다. 세월이 지날수록 천연자원은 고갈될 수밖에 없다. 그것을 확보하기 위해 전쟁도 불사한다. 단순한 수사가 아니다. 진짜 전쟁이다. 카다피를 축출하기 위해 리비아를 공격한 서방의 '본심'이 석유자원 확보에 있음은 다 아는 사실이다.

다른 하나는 인적자원 확보 전쟁이다. 세계 500대 기업 CEO 중 90퍼센트가 가장 시급한 경영 과제로 '인재 확보'를 꼽을 정도다. 실제로 CEO의 능력을 평가할 때 '핵심 인재를 얼마나 많이 끌어 오느냐' 하는 것을 30퍼센트 이상의 비중으로 다루는 기업도 있다. 그래서 경제적 불황과 침체 국면에도 호황을 누리는 업종이 있다. 헤드헌팅업이다.

멀티의 핵심 역량은 창의

세계헤드헌팅업협회Association of Executive Search Consultants는 세계 헤드헌팅 시장이 2004년 이후 급속히 성장하고 있다고 보고 있다. 헤드헌팅업은 기업의 의뢰를 받아 CEO나 임원 등 고급 인재를 찾아주는 서비스다. 이 업종이 급속하게 성장한다는 것은 그만큼 고급 인재 확보 전쟁이 치열하다는 것을 의미한다.

언젠가 삼성전자 이건희 회장이 사장단 회의에서 3대 과제를 '특명'으로 내려 화제가 됐었다. "소프트 기술, S급 인재, 특허를 악착같이 확보하라"는 것이었다. 삼성이(다른 대기업도 비슷하지만) 핵심 인재를 S급, H급, A급 등으로 분류해 관리한다는 것은 잘 알려져 있다. S급이란 '슈퍼super'급을 말한다. 그야말로 탁월한 성과를 올리는 인재다. A급ace은 S급보다 못하지만 나름대로 뛰어난 성과와 능력을 지닌 인물이다. H급은 아직 충분한 성과로 검증되지는 않았지만 높은 잠재력을 지닌 사람을 말한다.

창의성이 없으면 인재라는 말은 꺼내지도 말라

이렇듯 기업이 혈안이 돼 찾아 나서는 인재란 어떤 사람일까? 그들이 기대하는 인재란 구체적으로 어떤 조건을 갖춘 사람일까? 앞에서도 강조했지만 기업, 조직, 국가마다 인재의 조건은 차이가 나게 마련이다. 상황과 여건이 다르기 때문이다. 그러나 한 가지 공통된 조건이 있다. 바로 창의성이다.

취업 포털 잡코리아가 우리나라 굴지의 기업들을 대상으로 미래에 필요한 인재의 조건을 조사한 일이 있다. 그 결과를 보면 '창의성 있고 상황 대처 능력이 빠른 사람'과 '도전정신과 추진력이 강한 사람'이 각 26퍼센트로 공동 1위를 차지했다.

대한상공회의소가 국내 매출액 순위 100대 기업이 표방하는 인재상의 핵심 요건을 조사했다. 앞의 결과와 비슷하다. 창의성이 71퍼센트로 가장 높았다. 그다음 전문성(65%), 도전정신(59%) 순으로 나왔다.

결론적으로 '창의적이고 도전적이며 추진력이 강한' 사람이 최고 인재라는 말이 된다. 그 조사 결과는 흥미로운 함의를 갖고 있다. 창의가 새로운 것을 생각해내는 것이라면 도전정신과 추진력은 실행력을 의미한다. 다시 말해 기업이 요구하는 최고 인재상은 새로운 것을 생각해냄과 동시에 그것을 실행에 옮길 수 있는 사람이라는 말이 된다.

경쟁이 치열해질수록 더욱더 강조되는 창의성

창의를 인재의 최고 조건으로 생각하는 것은 우리 기업만이 아니다. 선진 외국의 세계적 기업에서는 창의적 인재의 가치를 더 높이 인정한다. GE를 이끌었던 잭 웰치 회장은 "창의적 아이디어를 낸 사람은 영웅이나 스타로 대접해줘야 한다"고 했다. 구글은 "직원들의 독자적 창의력을 키워주는 것이 회사의 비전"이라고까지 말한다.

왜 창의력이 인재의 첫째 조건이 될까? 왜 창의가 최고의 경쟁력이 될까? 두 가지 측면에서 그 이유를 발견할 수 있다. 하나는 세상이 정신없을 정도로 변화무쌍하다는 것이다. 다른 하나는 남보다 뛰어나지 않으면 그런 세상에서 살아남을 수 없다는 것이다. 변화무쌍한 세상에 적응하려면 스스로 변화무쌍해야 한다. 변화무쌍하려면 당연히 새로운 것을 빠르게 지속해서 만들어내야 한다. 또 남보다 뛰어나려면 무엇인가 달라야 한다. 차별화해야 한다. 두 가지 조건을 동시에 만족시킬 수 있는 것이 바로 창의다.

사례를 들어 설명하겠다. 요즘 치열한 경쟁을 가장 실감할 수 있는 분야는 아마도 스마트폰 시장일 것이다. 삼성, LG, 애플이 벌이는 경쟁을 보면 정신이 없다. 신제품을 선보이고 나면 불과 2~3개월 만에 또다시 새 제품이 나온다. 가격이 고가이기에 망설이다가 새것으로 바꾸고 나면 금세 성능이 업그레이드된 신상품이 얼굴을 내민다. 혼란스럽다. 그 정도로 변화무쌍하다. 노트북도 TV도 마찬가지다. 그런 상황에서 승자가 되는 것은 당연히 누가 새로운 것을 빨리 만들어내느냐에 달려 있다.

그러나 단지 신제품을 빨리 내놓는 것만으로는 경쟁에서 이길 수 없다. 탁월함이 전제돼야 한다. 새로우면서도 남과 차별화한 탁월한 제품. 이것이 경쟁에서 살아남는 길이다. 무엇으로 그것을 충족시킬 수 있을까? 당연히 창의와 아이디어.

멀티어십과 창의성은 어떤 관계가 있나

창의는 멀티어가 갖춰야 할 핵심 요소다. 또 멀티어십을 이루는 핵심 역량이다. 주어진 조건과 환경이 어떻든 언제 어디서 무엇을 하든 잘해낼 수 있다는 것은 무엇을 의미하는가? 바로 창의성을 발휘하며 일한다는 것이다. 멀티어가 되려면 창의는 필수다.

직장 동료를 머리에 떠올려보자. 언제 어디서 어떤 일이든 잘해내는 사람이라면 분명히 한 가지 특성이 있을 것이다. 때로는 생뚱맞은 임무를 맡아도 그 임무와 여건에 맞는 창의적 아이디어를 내 거뜬히 수행한다는 사실이다. 그런 사람은 언제나 남과 다르게 기획한다. 남과 다르게 실행한다. 동의하는가? 그래서 창의가 멀티어십의 중요한 요소가 되는 것이다.

앞에서 통섭과 멀티를 논하면서 그런 유형의 인재는 자연과학과 인문학 등 여러 학문을 경계 없이 넘나들 수 있는 사람이라고 말했다. 그렇다면 왜 여러 학문을 경계 없이 넘나들어야 할까? 포스코 정준양 회장의 표현대로 무엇 때문에 '철강을 다루는 문학도나 시 쓰는 공대생'을 필요로 할까. 직장생활을 하는 데 많은 지식이 필요해서일까? 여러 분야에 정통할 수 있는 팔방미인이어야 세상살이가 편하기 때문일까? 기계를 고치다가 시를 읊으며 스트레스를 해소하기 위해서일까? 당연히 아니다.

통섭과 멀티를 강조하는 이유는 따로 있다. 경계를 넘나드는 폭넓은 지식과 소양이 뒷받침될 때 비로소 (보통의 창의력이 아니라) 탁월한 창조적 발상을 할 수 있기 때문이다. 그래야 창의적 인재가 될 가능성이 높다. 이는 마치 세상을 한 눈으로 보는 것과 두 눈으로 보는 것의 차이라고 할 수 있다. 한쪽 눈이 인문학의 눈이라면 다른 쪽 눈은 자연과학의 눈이다. 세상을 한 눈으로 보면 어떤가? 당연히 시야가 좁다. 원근의 개념도 희박해진다. 사물이 단순하게 보인다. 따라서 인문학이든 자연과학이든 한쪽만의 전문성으로는 그만큼 창의성이 좁을 수밖에 없는 것이다.

시카고대학교 심리학 교수이자 『몰입의 즐거움』의 저자 미하이 칙센트미하이는 "창의성은 일반적으로 여러 분야의 경계를 넘나드는 것과 관련이 있다"고 했다.[26] 하버드대학교는 6년에 걸쳐 3,000여 명의 기업 임원들을 대상으로 창조성에 대해 연구했다. 결론은 이렇다.

"창조성이란 자유로운 상상을 통해 서로 관련이 없어 보이는 사물을 연관 짓는 능력이다."

즉 창의성은 여러 분야를 조합하는 능력이다. 멀티 능력인 것이다. 따라서 여러분이 멀티어십을 갖추려면 가장 핵심적 조건, 즉 창의성을 점검해봐야 한다. 창의성이 없는 사람은 결코 멀티어가 될 수 없다. 멀티어십을 발휘할 수도 없다. 특히 회사나 조직의 경영자나 리더는 단순히 인문학과 자연과학의 섭렵만 강조해서는 안 될 것이다. 어뗳게 조직 문화를 개선하고 사원들을 훈련시킴으로써 창의적 조직, 창의성 있는 멀티어로 육성할 것인지 전략적 고민을 해야 할 것이다.

조직 전체에 창의 바이러스가 퍼지게 하라

얼마 전까지만 해도 '한 사람이 10만 명을 먹여 살리는 시대'가 도래했다고 했다. 그 저변에는 한두 사람의 탁월한 인재만 있어도 회사가 살아갈 수 있다는 의식이 깔려 있다. 그만큼 한두 사람의 창의력이 세상을 좌우한다는 의미가 될 것이다.

그러나 세상은 급변했다. 불과 수년 만에 그 주장이 진화하는 상황에 이르렀다. 요즘에는 한두 사람의 특급 인재만으로 기업이 살아남지 못하게 됐다. 소수의 창의적 핵심 인재만으로는 첨예한 경쟁을 이겨내기가 어렵다. 아무리 뛰어난 창의적 인재라 하더라도 인간일 뿐이다. 능력에 당연히 한계가 있을 수밖에 없다. 더구나 경쟁 상대, 즉 적수가 되는 기업에 창의적 핵심 인재가 많다면 문제는 더 심각해진다.

이제는 창의적 인재의 질적 문제뿐만 아니라 '얼마나 많은가' 하는 양적 문제에도 눈을 돌려야 한다. 업계를 선도하는 기업들 사이에 창의적 핵심 인재를 많이 보유하려는 경쟁이 벌어졌기 때문이다. 살아남기 위해 저마다 창의적 인재 확보에 열을 올리다 보니 한두 사람의 핵심 인재로 경쟁에 대적하기가 버거워진 것이다.

예전에는 핵심 인재 대여섯 명이면 족했다. 하지만 이제 전문가들은 조직의 50퍼센트 이상이 창의적 인재여야 한다고 주장한다. 그래야 조직이 경쟁을 버텨낼 수 있다고 한다. 그래서 요즘은 기업교육도 소수의 핵심 인재 육성이 아니라 전 사원의 창의성 향상에 초점을 맞추는 추세다.

이렇듯 '창의적 인재'라는 과제는 몇 사람에게만 해당하는 것이 아니다. 조직 전체에 창의 바이러스를 퍼뜨려야 한다. 그래야 많은 멀티어가 탄생하고 멀티어십이 발휘된다. 치열한 경쟁에서 이길 수 있다.

창의는 어디서 오는가

『오리진이 되라』에서 저자 강신장 씨가 특이한 주장을 했다. 새로운 영감을 얻어낼 수 있는 창조의 제1법칙은 사랑이라는 것이다. 창의력을 발휘하는 첫째 조건이 바로 사랑이라는 말이다.

"지금 우리가 어느 분야에서건 '나만의 르네상스'를 만들고 싶다면, 그것은 결코 어렵지 않다. 마치 연인들이 목숨을 걸고 사랑을 하듯 세상 사람들과 우리의 고객을 사랑의 눈으로 바라보라. 진심 어린 사랑의 눈으로 바라보면 볼 수 없었던 것들, 또 보이지 않는 것들, 또 남들이 보지 못하는 것들을 볼 수 있는 신비로운 힘이 생긴다."

그것도 보통의 사랑이 아니라 '애절한 사랑high love'을 해야 한다고 한다. 애절함이야말로 상상력의 근원이라고 결론지었다.[27]

애절함! 우연의 일치겠지만 내 주장과 딱 맞아떨어진다. 나도 일찍이(어쩌면 그이보다 먼저일지도 모른다) '애절론'을 주창한 적이 있기 때문이다. 세상을 깊이 관찰하며 사는 사람들의 생각은 서로 같은 것 같다. 내가 애절론을 말한 시점은 2005년 2월경이다. 강원도 정무부지사로 부임하면서 만들어낸 신조어다. 농협중앙회 상무 임기를 마친지 열흘쯤 지나 나는 뜻밖에도 공무원의 길을 걷게 된다. 정무부지사로 일하면서 함께 일하는 공무원들에게 항상 강조한 것이 애절론이다.

그것이 탄생하게 된 배경은 이렇다. 지금도 선명히 기억한다. 농촌과 금융을 다루는 기관에서 30년 동안 일한 사람이 어느 날 갑자기 행정기관의 책임자로 발령받은 상황을 떠올려보라. 당연히 어리둥절할 것이다. 어떤 식으로 일해야 할지 당황하게 된다. 이런 경우 가장 확실한 무기는 창의성이다. 나는 그것을 경험으로 알고 있다. 이미 앞에서 말하지 않았는가? 언제 어디서 어떤 일을 하든 제대로 잘하려면 멀티어가 돼야 하고 창의성을 발휘해야 한다고.

나는 강원도 구석구석을 꼼꼼히 관찰하기 시작했다. 호기심과 관찰은 창의성을 발동시키는 원동력임을 알기 때문이다. 며칠 후 출장을 가다가 드디어 한 가지 '거리'를 발견했다. 거리 표시가 잘못된 이정표가 눈에 띈 것이다. 목적지까지 거리가 20킬로미터로 표시된 길을 자동차로 달렸는데 얼마쯤 달리자 15킬로미터로 표시된 이정표가 나타났다. 그만큼 왔으니까 거리가 줄어든 것은 당연했다. 다시 몇 분 정도 더 갔다. 그런데 이번에는 거꾸로 후퇴해 18킬로미터로 표시된 표지판이 나타났다. 그 밖에도 몇 가지 잘못된 시설물을 발견했다. 그것들을 모아서 공무원들에게 교육시킬 하나의 논리를 만들어냈다. 바로 애절론이다. 나는 이렇게 주장했다.

"그 지역을 담당한 공무원은 지역에 대한 사랑과 자기가 맡은 일에 대한 사랑이 없다. 낙후된 강원도를 하루라도 빨리 좋은 지역으로 발전시켜야겠다는 간절한 마음이 없다. 그래서 그런 현상이 나타난 것이다."

제발 건성으로 일하지 말고 좀 더 절실한 마음으로 일하라며 만든 용어와 논리가 애절론이다.

자기 일을 사랑할 때 창의가 나온다

애절론에 담은 정신은 두 가지다. 원래 '애절'의 한자는 '哀切'이다. '슬플 애哀' '끊을 절切'이다. 그러나 나는 '애'를 '사랑 애愛'로 바꿔 말한다. 그래서 애절이 갖는 첫째 정신은 '사랑愛'이다. 무슨 일을 하든지 사랑하는 마음으로 접근해야 한다는 주장이다. 그래야 문제점이 보인다. 창의력이 작동한다. 좋은 아이디어가 나온다.

사도 바울은 "너희는 모든 일을 사랑으로 행하라"고 말했다. 테레사 수녀는 "중요한 것은 무슨 일을 얼마나 많이 하느냐가 아니다. 얼마나 많은 사랑을 그 일에 쏟느냐다."고 했다. 존 러스킨도 좋은 말을 했다. "사랑과 역량이 결합될 때 걸작을 기대할 수 있다." 스탠퍼드대학 명예교수인 제임스 L. 애덤스도 저서 『아이디어 대폭발』에서 "자신의 일을 사랑할 때 창조성이 발휘된다"고 했다.[28] 그렇다. 모든 직장인이 자기가 하는 일을 걸작으로 만들려면 사랑의 혼을 담아서 하는 것이 중요하다. 그러면 창의성이 작동하고 아이디어가 나온다.

두 번째는 '절切'자에서 받는 느낌 그대로다. 간절함, 즉 진정성이다. 사랑에도 품질이 있다. 겉도는 사랑과 간절한 사랑이 있는 것이다. 진정성이란 거짓 없고 참된 것이다. 순수함이다. 자기에게 부여된 임무를 수행하면서 참되고 순수한 마음가짐으로 접근할 때 창의가 발현된다는 말이다. 그러니까 '애절'이라면 진정한 사랑, 애끓는 사랑이라는 의미가 된다. 무슨 일을 하든지 건성으로 대충대충 하지 말고 애타게 온 정성을 쏟으라는 뜻이다. 그러면 문제가 보인다. 상상력이 동원된다. 창의력이 발동해서 해결책(아이디어)이 나온다.

상상, 창의, 아이디어에 관한 책을 보면 빠짐없이 등장하는 것이 있다. '아이디어를 내는 방법' '창의적 발상 요령' '아이디어맨이 되는 법' 등이다.

하나만 예를 들어보자. '창의적 발상법'으로 첫째 의문을 가져라, 둘째 철저히 메모하라, 셋째 항상 '어떻게How'를 생각하라고 한다. 어떤 아이디어를 놓고 그것이 나온 경로를 따져보면 그런 절차를 거치는 경우가 많은 것이 사실이다. 그런 요령과 방법도 배워야 한다. 그러나 방법과 요령이 효과적으로 작동하려면 그 이전에 먼저 해결해야 할 전제 조건이 있다. 그것이 바로 사랑과 진정성, 즉 애절함이다.

창의는 절박한 진정성에서 나온다

자, 이제 창의가 애절함에서 비롯된다는 데 동의할 것이다. '절切'자와 관련해 한 가지 더 말할 것이 있다. 앞에서 '절切'은 간절함, 즉 진정성이라고 했다. 그와 더불어 절박함을 의미하기도 한다. 애절에는 절박한 위기의식도 포함된다.

한 가지 예를 더 살펴보겠다. 가장 뛰어난 통섭형 인재, 멀티어의 롤모델로 꼽히는 세종대왕과 이순신 장군이다. 공교롭게도 이 두 사람은 우리나라 역사상 가장 훌륭한 사람, 탁월한 창의적 인재, 아이디어맨이다. 그 공통점이 흥미롭지 않은가?

잘 아는 대로 그들은 한글과 거북선이라는 걸작을 창조함으로써 역사에 이름을 빛냈다. 무엇이 그들로 하여금 사상 최고의 아이디어를 내게 했을까? 어떻게 가장 뛰어난 통섭형 인재로 꼽히게 됐을까?

두 사람의 창의와 아이디어를 분석하다 보면 하나의 귀결점을 발견하게 된다. 바로 사랑, 진정성, 절박함이다. 세종대왕과 이순신 장군이 '아이디어 내는 요령'을 배워서 실행한 것은 아닐 것이다. 목욕을 하거나 벤치에서 휴식을 취하다가 아이디어를 낸 것도 아닐 것이다. 그렇다고 자율성을 키우는 자유로운 분위기에서 자랐거나 칭찬, 격려, 인정 등 신바람 나는 조직 환경에서 일한 것도 아닐 것이다.

이유는 다른 데 있다. 세종대왕은 중국 문자가 배우기 어렵고 말하는 것과 글자가 서로 달라 백성이 표현하고 싶은 것을 제대로 표현할 수 없음을 안타깝게 여겼다. 백성에 대한 사랑이었다. 이순신 장군은 풍전등화 같은 나라의 운명을 걱정하면서 '긴 칼 옆에 차고 깊은 시름'을 했다. 나라 사랑이라는 진정성이 있었다. 절박한 위기의식이 있었다. 그런 것들이 창의의 바탕이었다는 점은 의심의 여지가 없다.

여기에 덧붙일 것이 있다. '어떻게 문제를 해결할까'에 대해 끊임없이 생각하며 몰입함으로써 아이디어가 폭발했을 것이다. 나도 지금까지 적지 않은 아이디어를 내봤다. 수차례 특허를 출원한 경력이 있다. 창의성에 대한 연구도 나름대로 많이 했다. 책도 썼다. 하지만 창의는 느슨함(자유로움)보다는 절박함에서 나온다. 진정성을 갖고 문제를 해결하기 위해 노심초사하는 가운데 아이디어가 나오는 것이다.

아르키메데스의 '유레카'는 어디서 왔을까

창의는 어디서 오는가? 어떤 이들은 '세렌디피티serendipity'를 강조하기도 한다. 세렌디피티란 우연으로부터 중대한 발견이나 발명이 이루어지는 것을 설명하는 단어다. 특히 과학 연구 분야에서 실험 도중에 실패로부터 얻은 결과를 통해 중대한 발견이나 발명을 하는 것을 말한다. 예컨대 협심증 치료제를 개발하다가 그 부작용을 통해 비아그라를 발명한 것과 같은 것이다.

세렌디피티를 강조하는 사람들은 어느 것에 너무 몰입하게 되면 오히려 새로운 것을 발견할 확률이 낮아진다고 말한다. 대단히 역설적이다. 오히려 두뇌가 충분한 휴식을 취하는 상태, 느긋하고 여유 있는 상황에서 좋은 아이디어가 나온다는 것이다.

아르키메데스를 예로 들 수 있다. 그는 임금으로부터 부여받은 과제, 즉 왕관의 순금 비율을 계산하기 위해 골머리를 앓고 있었다. 그러다가 목욕탕에서 느긋하게 휴식을 취하며 두뇌를 쉬게 했다. "유레카!"를 외칠 수 있었던 것은 바로 그때였다. 계산 방법을 깨우치는 순간이었다. 뉴턴이 만유인력을 발견하게 된 것도 마찬가지다. 한가하게 사과밭에서 휴식을 취하다가 그 법칙을 깨달았다고 한다.

정말 그럴까? 창의가 발동하고 아이디어가 떠오르려면 두뇌를 느긋하게 쉬게 해야 하는가? 물론 아이디어가 팍 떠오른 순간이 목욕탕일 수도 있다(나도 목욕탕에서 수많은 아이디어가 나온다. 생각난 아이디어를 잊을까 봐 목욕을 대충하고 튀어나오는 경우가 많다). 사과밭의 벤치일 수도 있다. 느긋하고 여유 있는 환경에서 불현듯 아이디어가 나올 수 있다. 그러나 그것은 아이디어가 나온 '그 순간'만을 본 미시적 해석이다.

미하이 칙센트미하이는 창의성이 탁월한 많은 사람을 조사한 결과 창의성은 몰입의 상태에서 나온다는 것을 밝혀냈다. 사람들은 자신의 일에 완전히 열중해 몰입할 때 무엇인가 새로운 것을 창조해내는 과정을 경험하게 되는 것이다.

몰입을 하면 열중하게 된다. 그러면 절박하고 간절한 심정이 된다. 인지상정이다. 절박하고 간절함에 이를 때 드디어 창의가 작동한다. 번뜩이는 아이디어가 솟구치게 된다. 창의의 메커니즘, 아이디어의 작동 체계라 할 수 있다.

다시 아르키메데스의 '유레카Eureka'를 살펴보자. 아마도 창의성 또는 아이디어가 떠오르는 결정적 순간을 나타내는 말로 가장 유명한 것이 유레카일 것이다. 잘 알려진 대로 '찾았다' '알았다'라는 뜻으로 아르키메데스 때문에 유명해진 단어다. 그는 철학자임과 동시에 수학자, 디자이너, 엔지니어, 물리학자였다. 한마디로 멀티어다.

어느 날 그는 왕으로부터 왕관이 순금으로 만들어졌는지 확인해보라는 명령을 받는다. 어찌 보면 간단한 숙제다. 왕관의 무게와 부피만 알면 밀도를 알 수 있다. 그것을 같은 무게만큼의 금덩어리와 비교하면 되는 것이다. 문제는 왕관의 부피를 어떻게 계산하느냐다.

왕관은 화려하다. 그만큼 불규칙한 모양으로 돼 있다. 무게는 쉽게 측정할 수 있어도 부피를 알아내기란 힘들어 보인다. 왕관을 녹여서 한 덩어리의 금괴로 만들지 않는 이상 부피를 계산해낼 수는 없는 노릇이다. 난감한 상황이다. 고민이 깊었을 것이다. 어쩌면 자신의 명성이 하루아침에 날아갈 수도 있다. 그러던 어느 날 물이 가득한 목욕탕에 들어간다. 그리고 물이 넘쳐흐르는 것을 본 순간 드디어 아이디어가 번뜩였다. 흘러넘치는 물의 양을 측정하면 왕관의 부피를 계산할 수 있다. 그렇게 되면 밀도 계산은 자연스럽게 나오는 것이니까. 아르키메데스의 원리는 그렇게 나왔다.

여기서 우리가 주목할 것이 있다. 흥분한 나머지 욕탕에서 뛰쳐나와 벌거벗은 채로 유레카를 외치며 길거리를 달렸다는 것이다(아마도 과장일 것이다). 이것은 무엇을 의미하는가? 그렇게 제정신이 아닐 정도로 노심초사했다는 반증이다. 왕의 명령을 이행하지 못하면 어떤 형벌이 내려질지 모른다. 그런 절박함으로 얼마나 몰입했을까? 그가 외친 "유레카!"는 아마도 "이제 살았다!"라는 안도의 외마디 함성이었을지도 모른다.

실제로 많은 창의적 인재가 병적 몰입을 보여준다. 뉴턴은 정신분열증 증상까지 보였다. 아인슈타인도 정신분열증을 앓았음을 고백한 적이 있다. 양자역학에 관한 이론으로 노벨상을 받은 천재 물리학자 리처드 파인먼은 아내로부터 이혼당했다. 항상 물리에 관한 문제만을 생각하는 몰입의 태도 때문이었다.

창의성을 발동시키는 요령

멀티어십을 갖춘 창의적 아이디어맨은 어떻게 해서 될까? 창의는 사랑에서 비롯된다고 했다. 진정성이 있어야 창의가 나온다고 했다. 절박해야 하고 몰입해야 한다고 했다. 그럼 사랑, 진정성, 절박함, 몰입은 어떻게 해야 될 수 있을까? 가만히 있어도 저절로 그렇게 될까? 아니다.

천부적으로 아이디어를 잘 내는 사람이 있기는 하다. 세상에는 상식적으로 이해가 안 될 만큼 별난 사람이 있다. 마찬가지로 인문학이든 자연과학이든 별로 배운 것도 없는 사람이 기발하고 탁월한 창의력을 발휘하는 경우도 있다. 애절하지도 몰입하지도 않았는데 기막힌 아이디어를 내는 수도 있다. 그러나 그런 수준의 창의력을 보고 멀티어라고 하지는 않는다.

멀티어가 되고 멀티어십을 발휘하는 수준의 창의성이라면 의도적으로 창의성을 내보이기 위해 노력해야 한다. 의도적으로 일을 사랑해야 한다. 의도적으로 진정성을 발휘해야 한다. 의도적으로 위기감을 가져야 한다. 의도적으로 몰입해야 한다. 의도적으로 아이디어를 내려고 노력해야 한다는 말이다. 무슨 말인지 알겠는가?

의도적으로 마음과 머리를 써라

의도적으로 일부러 애절하고 의도적으로 위기감을 갖고 의도적으로 몰입하라? '그게 가능한가?'라는 의문이 들지 모른다. 당연히 가능하다. 당연히 그렇게 해야 한다. 하려고 하면 된다. 회사의 발전을 위해 자신이 맡고 있는 일에서 어떻게 공헌할 것인지를 진심으로 노심초사하며 몰입하고 고민하는 것. 그것이 바로 의도적으로 마음과 머리를 쓰는 것이다. 그 점에서 당신도 충분히 창의성을 발휘할 수 있다. 멀티어십을 갖출 수 있다. 창의가 오로지 천부적 재능에만 바탕을 둔 것이라면 타고난 창의성이 없는 사람은 희망이 없지 않겠는가?

흔히들 '아이디어맨은 타고난다'고 생각하는 경향이 있다. 기발한 발상을 하는 사람을 보면 그런 믿음이 생길 법도 하다. 아이디어를 내는 사람은 끝없이 많은 아이디어를 내는 반면 그렇지 못한 사람은 평생 아이디어다운 아이디어를 단 하나도 내지 못하기 때문이다. 그런 것을 보면 창의적 인재는 태어나는 것이 아닌가 하는 생각을 할 수도 있다.

그러나 창의적 인재는 태어나기보다는 스스로 하는 각오, 노력, 훈련을 통해 계발된다. 아이디어 창출 능력은 분명히 '재주'에 속한다. 하지만 천부적 재주가 아니다. 노력으로 육성되고 발휘될 수 있는 재주다. 창의니 아이디어니 하면 가장 먼저 떠오르는 에디슨이 말하지 않았던가?

"천재는 1퍼센트의 영감과 99퍼센트의 노력으로 이뤄진다."

창의적 아이디어맨은 노력으로 얼마든지 될 수 있다.

호기심을 갖고 끊임없이 '왜?'라고 질문하라

다음으로는 세상만사에 호기심을 갖고 끊임없이 '왜?'라는 질문을 던져야 한다. 창의의 바탕은 호기심이다. 사물을 보든 사무를 보든 어떻게 하면 더 좋은 방법, 더 나은 요령으로 할 것인지 계속해서 의문을 품어라. 해답을 구하려 하면 아이디어가 나오게 돼 있다. 그런 태도가 습관화되면 그때부터는 아이디어가 술술 잘 나온다. 나는 많은 아이디어를 내놓은 경험이 있다. 확실하게 증언할 수 있다.

톰 피터스는 "호기심이 많고 살짝 미친 사람이 승자가 된다"고 했다. 존 맥스웰은 "호기심은 평범함을 넘어 비범한 존재가 되게 한다"고 했다. 정말 그렇다. 호기심이 많으면 세상사 모든 것에 관심이 많다. 많은 것을 알려고 한다. 많은 것을 해결하려고 한다. 끊임없이 "왜?"라고 물을 것이다. 열정이 솟구친다. 그러면 창의성이 발동한다. 비범한 존재가 되는 것이다.

좋은 아이디어를 내는 창의성 있는 사람이 되려면 호기심을 가져라. 철저한 '왜' 마니아가 돼야 한다. '이게 왜 이렇지?' '왜 불편하지?' '왜 꼭 이래야 하나?' '이걸 왜 해야 하지?' 이렇게 의문을 품으면 사물이 다르게 보이고 따지게 된다. 아이디어가 나오고 창의성의 길을 걷게 된다. 세상에서 가장 답답한 사람이 있다. "그 분야의 전문가들이 그걸 생각해보지 않았겠어?" "그럴 만한 이유가 있을 거야!"라며 뭉개는 사람이다. 원천적으로 '왜'에 대한 거부다. 봉쇄다. 그런 사람은 절대로 창의적인 사람이 될 수 없다.

창의성과 '왜'에 대해 말하면서 유대인을 빼놓을 수 없다. 노벨상 수상자 수 세계 1위인 유대인. 한국인의 아이큐는 평균 106으로 세계 2위다. 이에 비해 유대인들의 아이큐는 10이나 낮은 95에 불과하다고 한다. 그런데 단체를 뺀 개인 수상자들만 따지면 22퍼센트를 유대인이 차지한다. '숨은 유대인'까지 포함하면 줄잡아 3분의 1을 넘는다. 본토 인구만 13억 명인 중국계 노벨상 수상자는 지금까지 여섯 명이다. 유대인들은 1,330만 명이 세계에 흩어져 산다. 세계 인구의 0.25퍼센트 남짓이다. 유대인들이 노벨상을 차지한 비율은 기적처럼 높은 셈이다.

2011년 준결정準結晶의 발견으로 노벨화학상을 받은 이스라엘 테크니온공대의 단 셰흐트만Dan Shechtman 교수는 유대인들이 노벨상을 많이 받게 된 원인을 교육으로 돌렸다. 그는 과학자에게 가장 중요한 것은 '호기심'과 '도전의식'이라고 했다. 그런데 유대인들의 그것이 교육에서 비롯했다는 것이다. 그러면서 우리나라의 교육 풍토를 슬쩍 꼬집었다.

"공부하는 분위기가 매우 경직돼 있다. 유교 문화 때문인 것 같다. 경직된 분위기 속에서 인재들을 육성하기 힘들다."

그럼 이스라엘의 교육은 어떤가. 세계 최고의 연구소 중 하나인 와이즈만 과학원을 보자. 여기서는 창의력을 키우는 교육 프로그램을 운영한다. 특이한 것이 있다. 석사 과정에 입학한 학생은 반드시 1년간 자신의 전공이 아니라 다른 학과 수업을 들어야 한다는 점이다. 이것이 바로 통섭 지향, 멀티 지향이라 할 수 있다. 자, 전공이 아닌 과목을 들어야 하니 어떻게 되는가? 끊임없이 '왜?'라는 질문을 할 수밖에 없는 것이다.

유대인들의 정서에 '후츠파chutzpah'라는 것이 있다. 한국인에게 '빨리 빨리' 문화가 있듯이 유대인에게는 민족 특유의 '후츠파'가 있다. 자기가 모르는 것을 인정하고 당당하게 질문하는 태도를 말한다. '주제넘는' '뻔뻔한' '오만한' 같은 부정적인 뜻에서부터 '놀라운 용기' '배짱' 등의 긍정적 의미까지 담고 있는 포괄적인 단어다.[29] 셰흐트만 교수가 말한 호기심, 도전정신, '왜?'라며 용기 있게 질문할 수 있는 기질이 바로 여기에 바탕을 둔 것임을 알 수 있다. 항상 호기심을 갖고 질문하고 토론함으로써 당연히 생각의 경계가 넓어지고 창의력이 길러지게 된다.

아트 아크먼은 『스마트 싱킹』에서 일이 기대했던 대로 진행되지 않을 때에 왜 어떤 것은 잘되며 문제의 원인은 무엇인지 생각해보는 능력이 명백한 '사고의 본질'이라고 했다. '왜 그런 일이 일어나는지' '무엇이 잘못됐는지' 생각하는 능력이야말로 동물과 인간을 구별하는 핵심 능력이라는 것이다.[30] 따라서 '왜?'라는 질문을 던질 줄 모르고 주어진 조건에 순응하며 늘 하던 방식 그대로 하는 사람은 동물의 수준에 불과하다는 혹평을 들을 수 있다.

자, 이제부터 회사에서 어떤 임무를 부여받았을 때 개선해야 할 것이 무엇인지 생각해보는 의도적 노력을 하자. 왜 하필이면 이 방법인가? 지금까지 해오던 것과 다르게 할 수 있는 것은 없을까? 꼭 이대로 해야 하는 걸까? 더 나은 방법은 없을까? 그런 생각을 의도적으로 해보라는 말이다. 그러면 창의가 꿈틀거린다. 드디어 좋은 아이디어가 나온다. 그럼으로써 멀티어가 된다. 멀티어십이 발휘된다.

인상적인 이야기를 하나 소개할까 한다. 몇 해 전 96세의 나이로 세상을 떠난 경영학의 아버지 피터 드러커 박사. 잘 알려진 대로 타계 직전까지 강연과 집필을 계속했다. 마지막 순간 한 제자가 찾아왔다. 드러커는 페루의 민속사를 읽고 있었다. 제자가 질문했다.

"아직도 공부하실 것이 남아 있습니까?"

그러자 피터 드러커가 말했다.

"인간은 호기심을 잃는 순간 늙는다네."[31]

아이디어를 끌어내는 요령

의도적 노력과 시도로 전문가들이 권하는 것이 있다. '아이디어를 내는 방법' '창의적 발상 요령' '아이디어맨이 되는 법' 등이다. 그런 방법은 무수히 많다. 하지만 내 경험을 바탕으로 여러분에게 권할 만한 것 몇 가지만 소개한다. 다음의 요령을 늘 마음속에 담아두자. 어디서 어떤 일을 하더라도 의도적으로 적용해보자. 좋은 결과를 기대할 수 있다. 그러면 당신도 창의적 아이디어맨이 될 수 있다.

1. 그냥 지나치지 말 것

비즈니스든 일상이든 어떤 일이든 무덤덤하게 지나치지 말고 관찰 안테나를 예민하게 작동시켜야 한다. 끊임없이 호기심을 갖고 "왜 저럴까?"라는 질문을 스스로 던져보자. 의문은 문제의 발견과 해결의 근본 요인이다. 창의성의 기본 바탕이 된다.

2. 문제점에 민감할 것

'불편'과 '필요'야말로 창의의 원천이다. 일을 하든 물건을 사용하든 어떤 불편함을 느끼거나 더 필요한 부분이 발견되면 즉시 파고들어야 한다. 창의성의 귀재들은 불편과 필요에 매우 민감하게 반응한다.

3. 더 나은 방법을 찾을 것

어디서 어떤 일을 하든지 지금 하고 있는 방법이 가장 좋은 방법, 당연한 일이라고 생각해서는 안 된다. '당연'은 창의를 죽이는 천적이다. '이럴 수밖에 없다'는 사고가 머리를 지배하는 한 창의성은 절대로 작동하지 않는다. 언제나 "더 나은 방법은 없을까?"라고 스스로 물어보자.

4. 끊임없이 생각할 것

해결해야 할 문제가 발생하면 끊임없이 생각을 이어가야 한다. 상상의 날개를 활짝 펴고 종횡무진 생각을 확대해야 한다. 생각은 중도에 멈추면 안 된다. 해결책의 아이디어가 나올 때까지 끈질기게 하는 것이 요령이다. 줄기차게 생각하면 생각이 꼬리에 꼬리를 물고 나온다. 그러다가 드디어 창의적 아이디어가 솟구치게 된다.

5. 메모할 것

다산 정약용은 생각이 떠오르면 수시로 메모하는 '수사차록법隨思箚錄法'을 실천했다. 덕분에 방대한 저술을 남길 수 있었다. 에디슨이 지독한 '메모광'이었음은 잘 알려진 사실이다. "아이디어의 90퍼센트는 망각의 쓰레기통에 버려진다"는 말을 잊지 말자. 스쳐 지나가는 생각중에 기막힌 아이디어가 숨어 있는 경우가 많다. 지금은 가치 없는 것 같은 생각이 나중에 다른 생각과 연결된다. 그럼으로써 좋은 아이디어가 될 수 있다.

6. 엮을 것

문제와 문제, 아이디어와 아이디어를 서로 연결하고 결합해봐야 한다. 세상에 새로운 것은 별로 없다. 새로운 '유(有)'를 찾기보다는 수많은 기존의 '유'에서 새로운 '유'를 엮어내는 것도 매우 훌륭한 창의다. '바꾸면 어떨까?' '확대하면 어떨까?' '축소하면 어떨까?' '대체하면 어떨까?' '반대로 하면 어떨까?' 이렇게 이리저리 엮어보면서 생각의 유희를 즐겨야 한다.

7. 시도할 것

늘 생각만 하는 '공상가'에 머물면 안 된다. 창의는 실행이다. '바보는 생각만 한다'는 말이 있다. 거꾸로 말해보자. '생각만 하는 사람이 바보'다. 떠오른 아이디어는 적용해봐야 한다. 그 과정에서 또 다른 좋은 아이디어가 나오는 법이다.

미국 건국의 아버지로 불리는 벤저민 프랭클린은 이렇게 말했다.

"세상에 아주 단단한 세 가지가 있다. 강철과 다이아몬드 그리고 당신의 인식(고정관념)이다."

창의성을 두고 이만큼 멋지게 표현한 말도 없는 것 같다.

멀티어십과 전문성
프로페셔널은 기본, 멀티 전문가가 되라

/

/

당신은 무엇을 할 줄 아는가

"당신은 무엇을 할 줄 아는가?"

이런 질문을 받는다면 어떻게 대답하겠는가? 질문이 너무 막연하다고? 그렇다면 정정해서 질문하겠다.

"당신은 어떤 분야의 전문가인가?"

이 질문에는 어떻게 답하겠는가? 직장생활을 20~30년 하고도 이런 질문에 막막한 사람이 의외로 많다. 나 역시 대답이 옹색하다. 여러 직장에서 일했다. 가장 오랫동안 근무한 곳은 우리나라 최대의 농민단체이자 금융기관인 농협이다. 정확히 30년을 일했다. 하지만 농촌이나 농민 전문가라고 대답하지 못하겠다. 깊이 아는 것이 별로 없으니까. 그렇다고 금융 전문가는 더더욱 아니다. 예금이나 대출을 담당했다고 해서 금융 전문가가 되는 것도 아니지 않는가?(직장에 따라 다르겠지만 30년 동안 수시로 업무가 바뀌어 여러 부서를 전전하다 보니 그렇게 된 측면도 있다. 그 대신 크게 얻은 것이 있다. 바로 '멀티 역량'이다.) 경제학 박사 타이틀을 가지고 있지만 우리나라 경제에 대해 권위 있게 조언할 수 있는 것이 별로 없음을 고백한다. 말하자면 얼치기로 일하고 건성으로 공부했다는 이야기가 된다.

일단 한 가지 분야에 스페셜리스트가 되라

전문가! 그 단어만큼 직장인들의 가슴을 설레게 하는 것도 드물다. 어쩌면 직장인 모두의 소망이요 로망일 것이다. 직장생활뿐만 아니라 인생 전체를 통해서도 '나는 이런 분야의 전문가'라고 자신 있게 말할 수 있다면 세상을 알차게 산 사람이라 할 수 있다.

우리가 눈코 뜰 새 없이 바쁜 와중에도 시간을 쪼개고 틈을 내 자기계발에 매달리는 이유는 무엇일까? 결국은 직장에서 전문가로서 위치를 확보해 전문가로 대접받고 싶기 때문이다. '전문가'가 소망이고 목표라는 것은 역설적이다. 직장인들의 열등감을 자극하고 콤플렉스를 느끼게 한다는 의미도 되기 때문이다.

왜 콤플렉스를 느낄까? "나는 과연 어떤 분야의 전문가인가?"라고 스스로 반문해봤을 때 당당하지 못하기 때문이다. 주위를 살펴보자. 일을 잘한다는 사람이 있을 것이다. 그러나 막상 어떤 부분에 발군의 실력과 탁월한 능력이 있는지 막연한 경우가 많다. 단지 성실하게 노력하고 열심히 할 뿐이다. 그럼으로써 '일 잘하는 사람'이라는 평판을 얻고 있을 뿐이다. 일 잘하는 사람이라고 해서 특정 분야의 전문가라고 할 수는 없다.

그럼에도 직장인 대부분은 자기가 전문 분야를 갖고 있다고 생각한다. 자신을 전문가라고 착각하는 것이다. 예를 들어 영업 부서에서 일한다고 하자. '내 전문 분야는 영업이다'라고 생각할 것이다. 정말 영업의 전문가인가? "그렇다"고 확실히 답할 수 있다면 전문 분야는 영업이 맞다. 그러나 그 대답에 자신이 없다면? 영업을 하는 부서에서 일하고 있을 뿐이다. 영업이 전문 분야는 아니다. 전문가는 더더욱 아니다. 자기에게 전문 분야가 있다고 말하려면 그 분야의 전문가라고 자신할 수 있을 정도로 실력과 능력을 갖춰야 한다.

사람들은 '전문가'라면 어떤 자격증을 머리에 떠올리곤 한다. 그러나 자격증이 있다고 해서 전문가는 아니다. 예를 들어 세무사 자격증을 땄다고 해서 세무 업무의 전문가일까? 그럴 수도 있다. 하지만 자격증이 그 사람의 전문 분야나 스페셜한 능력을 입증하는 것은 아니다. 자격증이란 전문가의 길에 입문入門했거나 그 길을 갈 수 있다는 정도의 의미밖에 못 된다.

나는 일찍이 '조경기사' 자격증을 취득했다. 대학에서 농학을 전공했는데 농학 전공자가 딸 수 있는 좋은 자격증이라고 했다. 그래서 열심히 공부해 자격을 취득한 것이다. 그러나 그것으로 끝이었다. 나는 '조경'이 내 전문 분야라고 생각해본 적이 없다. 아는 것도 별로 없다. 따라서 그 분야 전문가는 결코 아니다.

스페셜해야 스페셜한 대접을 받는다

선진사회가 될수록 전문 분야와 전문가에 대한 요구가 거세진다. 앞으로 점점 더 그럴 것이다. 전문가로서 가진 능력과 실력은 연봉을 책정하는 중요한 기준이 된다. 전문성은 연봉 협상에 기초가 되는 개념이다. 연봉이 책정되고 인상분이 결정되는 근거는 이렇다.

'회사가 당신 같은 사람을 고용하려면 얼마의 비용을 지불해야 한다. 그리고 당신 같은 수준으로 육성하려면 얼마의 교육훈련비가 들 것이다.'

만약 당신에게 전문 분야가 없다면, 즉 전문가가 아니라면 회사가 급여를 삭감하거나 심지어 퇴출을 결정해도 할 말이 없게 된다. "청춘을 다 바쳐 열심히 일했는데 이럴 수가 있으냐?"는 항변은 통하지 않는다. 청춘을 다 바친 것이 중요한 것이 아니다. 지금 어떤 능력으로 회사에 기여할 수 있느냐가 중요하다.

통섭의 시대, 멀티의 시대라고 해서 여러 분야를 골고루 조금씩 알아야 한다는 뜻이 아니다. '멀티'는 이것저것 조금씩 잘하는 얼치기 팔방미인, 돌팔이 만물박사를 의미하지 않는다. 멀티어십이 확고하려면 무엇보다 자기만의 굳건한 영역이 있어야 한다. 뿌리가 확고해야 한다. 그 확고한 뿌리에서부터 '멀티'가 뻗어나간다. "뿌리 깊은 나무는 바람에 흔들리지 않는다"는 말은 직장생활에서도 그대로 적용된다. 일단 뿌리가 깊어야 어떤 상황에서도 끄떡없이 버틸 수 있는 것이다.

통섭형 인재로서 멀티어십을 발휘하려면 일단 한 분야의 전문가로서 자기 위치가 확실해야 한다. 학문이나 분야를 대통합한다고 해서 넓게 많이 아는 것으로 착각해서는 안 된다. 통섭과 멀티를 말할수록, 그리고 회사에서 버림받지 않으려면, 아니 제대로 인정받으려면 일단 한 가지 전문 분야를 가지고 있어야 한다. 그러지 않고는 뿌리 없는 부평초처럼 떠돌게 된다. 그러다가 어느 벼랑으로 흘러 떨어질지 모른다. 전문가적 영역 확보를 하지 않은 상태에서는 멀티를 논하면서 다른 분야를 기웃거리지 마라. 주제넘은 일이다. 언제 어디서 무엇을 하든 탁월하게 잘할 수 있는 멀티어가 되려면 일단 자기만의 고유 영역, 전문 분야가 필수다.

"하나를 보면 열을 안다"는 말이 있다. 이것은 직장생활에서도 마찬가지다. '하나'에 통달한 사람이면 다른 분야에서도 잘할 능력이 있다. 당신 직장을 돌아봐도 그런 현상을 발견할 수 있을 것이다. 대개 한 가지를 잘하는 사람은 다른 일을 맡겨도 잘한다. 거꾸로 하나도 제대로 못 하는 사람이 '멀티'에 도전한다? 어불성설이다.

어느 특정한 분야에서 스페셜리스트가 못 되면 절대로 조직에서 스페셜한 대접을 받지 못한다. 이 점을 명심해야 한다. '멀티'가 새로운 시대의 화두이지만 일단은 스페셜한 분야를 갖고 있어야 한다. 그래야 진정한 멀티어가 된다. 멀티어십이 발휘된다. 전문가로서 역량을 쌓는 것. 통섭의 시대에 멀티어십을 발휘할 수 있는 뿌리요 첫걸음이다.

당신은 전문가인가

다시 점검해보자. 나는 과연 어떤 분야를 전문으로 하고 있는가? 나는 과연 그 분야의 전문가인가? 아직까지 그 질문에 명확한 답변을 못하겠거든 이제부터라도 한 가지 확실한 전문 분야를 만들어야 한다. 전문가가 돼야 한다. 여기서 유념할 것이 있다. 즉 전문 분야를 만들고 전문가가 되되 반드시 회사에서 꼭 필요로 하는 전문가가 돼야 한다는 점이다. 엉뚱한 분야의 전문가가 됐다가는 정말 엉뚱한 길로 갈 수 있다.

아무쪼록 멀티어로서 전문성의 역량을 쌓기를 권한다. 뛰어난 전문가, 스페셜리스트가 돼야 한다. 그래야 직장에서 버틸 수 있다. 일단 스페셜리스트가 돼야 제너럴리스트의 영역을 넘볼 수 있다. 그래야 멀티어가 될 수 있다.

한 가지 짚고 넘어갈 것이 있다. 멀티력을 강조한다고 멀티태스킹의 능력을 갖추라는 것은 아니다. 멀티가 들어간다고 다 좋은 것은 아니다. 멀티태스킹, 즉 한꺼번에 두서너 가지 일을 해내는 다중작업은 결코 권장할 만한 것이 아니다. 전문성과 거리가 멀다. 운전을 하면서 전화 통화를 하거나 전화 통화를 하면서 동시에 컴퓨터 작업을 한다고 해서 멀티어라 할 수는 없다. 그것은 멀티태스킹이다. 어떤 이들은 멀티태스킹을 뛰어난 업무 능력의 잣대로 보기도 한다. 하지만 멀티태스킹은 다중과업을 수행하는 것일 뿐이다. 멀티어의 멀티 역량과는 다르다.

그렇게 일할 수 있다는 것도 능력이라면 능력일 것이다. 하지만 분명한 것은 그중 한 가지에만 온통 정신을 집중해 일하는 것과는 비교할 수 없다. 그만큼 비능률적임에 틀림없다. 에드워드 M. 할로웰 Edward M. Hallowell은『창조적 단절』에서 이렇게 말했다.

"요즘 세상이 두어 가지 일을 한꺼번에 하도록 사람들을 내몰고 있지 않느냐고 하지만, 그러나 한꺼번에 두 가지 일을 해도 한 가지 일을 할 때 못지않게 잘할 수 있다는 생각은 그릇된 통념일 뿐이다."[32]

멀티태스킹은 전혀 유능하지 않으며 허황된 활동이라는 것이다.

또한 데이비드 크렌쇼는 저서『멀티태스킹은 없다』에서 멀티태스킹은 두 가지 업무를 놓고 왔다 갔다 하는 '스위치태스킹'일 뿐 집중력을 방해해 결국은 시간과 비용을 낭비하는 비효율적인 것이라고 했다.

무엇이 당신을 프로답게 하는가

이 책을 쓰는 도중 그만 컴퓨터에 장애가 발생한 일이 있다. 참으로 난감했다. 하는 수 없이 컴퓨터 수리를 전문으로 하는 곳에 연락했다. 전문기사가 달려왔다. 그 상황에서도 느낀 점이 있다. 컴퓨터 수리로 밥을 먹고 사는 사람이면 전문가다. 아니, 전문가여야 한다. 그런데 일하는 것이 못마땅했다. 컴퓨터를 다루는 솜씨가 능숙하지 못했다. 제대로 수리를 하지 못하는 것이었다. 끙끙거렸다. 나중에는 내 아들까지 불러들여 함께 고치는 형국이 됐다. 이쯤 되면 그는 결코 전문가가 아니다. 프로페셔널하지도 못하다. 복사기가 고장 났을 때도 마찬가지였다. 수리 전문기사를 불렀는데, 그 복사기를 사용하는 나보다도 기계의 성능을 잘 몰랐다. 어떤 곳은 연신 본사와 전화 통화를 하면서 수리했다. 이쯤 되면 그는 결코 프로가 아니다.

그런 사람이 자기 직장에서 어떤 위치에 있을 것인지는 불을 보듯 뻔하다. 결코 중요한 존재로 인정받지 못할 것이다. 당신 사무실을 휘둘러보라. 여러 명이 일하고 있지만 그중 정말로 프로요 전문가요 똑똑한 사람은 몇 명인 것 같은가. 그리고 그런 시각으로 당신 자신을 돌아보라. 어떤 평가를 할 수 있는가.

직장인이든 사업을 하는 사람이든 '그 일'로 밥 먹고 살려면 최고의 기술과 지식을 갖춰야 한다. 직장인이면 프로다. 그렇다면 프로다워야 한다. 프로라면 자기 일에 치열하게 파고들어야 한다. 하려면 제대로 해야 한다.

프로페셔널: 하려면 제대로 하라

하려면 제대로 하라! 이 말을 나는 무척 즐겨 한다. 입에 달고 산다고 할 수 있다. 내가 하는 강의 주제 중에도 '하려면 제대로 하자'가 있다. 심지어 내 별명 중에 '제대로'가 있을 정도다.

살아오면서 내게 붙은 몇 가지 별명이 있다. 그중에서 재미있는 것이 둘 있다. 하나는 '도지사'다. 다른 하나는 '제대로'다. 도지사라는 별명은 대학 시절의 것이다. 내 이름 '관일'이 도지사의 차량 번호와 발음이 같은 데서 유래했다. 당시의 차량 번호 체계는 지금과 달랐다. 강원도지사의 승용차 번호판을 보면 '강원 관1'이라고 쓰여 있었다. 강원도의 관청 차량으로써 1번이라는 의미다. '관1'의 발음이 내 이름과 같아서 기분 좋은 애칭이 생긴 것이다.

'제대로'는 농협에서 직장생활을 할 때 붙은 별명이다. 함께 근무하는 직원들에게 말끝마다 '하려면 제대로 하라'고 강조했기 때문이다. 별명이 될 정도로 그 말을 자주 했던 것이다.

그렇다. 무엇을 하든 어떤 일을 하든 하려면 제대로 해야 한다. 회사원을 하든, 공무원을 하든, 농사를 짓든, 장사를 하든, 국회의원을 하든, 기초의원을 하든, 도지사를 하든, 시장·군수를 하든, 리더든 팔로어든 마찬가지다. 이왕 할 바에는 확실하게 자기 역할과 임무를 제대로 잘해야 한다. 그것이 바로 프로의 자세다.

어떤 분야에서 어떤 일을 하든 진정한 프로의 자세를 견지해야 한다. 아마추어적인 얼치기가 된다면 자신의 존재 가치를 퇴색시킨다. 뿐만 아니라 차라리 그 자리에 없는 것만도 못하게 될 수 있다.

프로답지 못한 경영인 때문에 거덜 난 회사가 얼마나 많은가. 제대로 하지 못하는 사원 때문에 회사가 얼마나 골치 아픈가. 제대로 하지 못한 공무원 때문에 얼마나 많은 예산이 낭비되는가. 제대로 하지 못한 시장·군수 때문에 얼마나 많은 지역이 낙후의 굴레에서 허덕이는가. 제대로 하지 못하는 정치인 때문에 나라가 얼마나 시끄러운가.

하려면 제대로 해야 한다. 전문 역량을 발휘해야 한다. 전문가면 전문가다워야 한다. 프로면 프로답게 해야 한다. 지금은 파워 프로의 시대다. 지난 세기는 엘리트의 시대였다. 엘리트라는 사람들이 사회의 중추를 이뤘다. 사회를 이끌어왔다. 그러나 지금은 다르다. 사회학자 밀스C. W. Mills가 말한 파워 엘리트의 시대는 갔다. 파워 프로의 시대가 온 것이다.

파워 프로란 전문지식과 창조적 아이디어로 무장한 사람을 말한다. 자기의 전문성을 제대로 발휘하는 사람이다. 출신 배경이 어떠냐에 따라 몸값이 달라지는 엘리트와 다르다. 프로는 철저한 자기 실력과 능력을 바탕으로 할 뿐이다. 그래서 천하장사 씨름선수 출신인 강호동 씨가 TV 연예 프로의 왕자로 군림하며 국민 MC라는 위치를 거머쥘 수 있었던 것이다. 스펙이 아니라 실력이 있는 사람이 프로다. 제대로 하는 사람이 전문가다.

프로답게 제대로 한다는 것은 무엇인가? 일을 통해 감탄을 이끌어내는 것이다. HRHuman Resource 컨설팅사 한국왓슨와이어트 리더십센터 정동일 소장은 MS, 인텔, BOA뱅크오브아메리카 등 세계적인 50대 기업을 분석해 '월드클래스 기업의 열 가지 조건'을 제시했다. 월드클래스 기업이란 시간, 공간, 국적을 초월해 언제 어디서든 누구와도 경쟁할 수 있는 능력을 갖춘 기업을 말한다. 말 그대로 세계 일류 기업이다. 치열한 글로벌 시장에서 살아남기 위한 생존전략이다. 모든 기업의 꿈이기도 하다.

그런데 그 열 가지 조건 중 으뜸으로 꼽은 것이 "'와우Wow'라는 감탄사를 유도하라"는 것이다. 미국 기업들 사이에서 유행하고 있는 슬로건이 바로 '와우 경영'이다. 즉 제품이나 서비스를 사용하는 고객의 입에서 "와우!"라는 감탄사가 나올 수 있도록 최선을 다한다는 경영철학이다. 정동일 소장의 분석을 보면서 참 좋은 지적이요 기준이라고 생각했다.

와우 경영. 이것은 기업이나 경영에만 해당하는 것이 아니다. 우리 모두 본받아야 할 행동 기준이라 할 것이다. 그렇다. 전문가라면, 프로라면 마음속 깊이 새겨야 할 기준이 바로 "와우!"다. 당신이 하는 일과 역할을 보고 주위 사람들이 과연 "와! 잘한다"라고 감탄하는지 스스로 돌아봐야 한다. 그 점에 자신이 없다면 당신은 프로가 아니다. 제대로 일하는 사람이 아니다.

'달인의 법칙'에서 배워라

전문성을 인정받으려면 말 그대로 스페셜해야 한다. 프로페셔널해야 한다. 스페셜하고 프로페셔널할수록 전문가 중에서도 '인재'가 된다. 그냥 맡은 일을 잘하는 정도의 전문가로 머물면 안 된다. 전문가라고 모두 다 직장에서 아낌을 받는 인재는 아니다. 인재가 되려면 '그 일'에 관한 한 탁월해야 한다. 맡은 일을 함에서 프로다운 식견을 갖고 있어야 한다.

프로다운 식견이란 넓게 알면서 동시에 깊이 아는 것이다. 그 식견이 남들보다 뛰어나야 한다. 아니 '남들보다'라는 상대적 평가가 아니라 절대적으로 우수해야 한다. 소위 '달인'의 경지에 다다라야 한다.

텔레비전의 인기 프로그램 중 「생활의 달인」이라는 것이 있다. 참 의미 있고 재미있는 프로그램이다. 이 프로그램을 보면 별별 달인이 다 있다. 수년 수십 년간 생활 현장, 직업 현장에서 열심히 일하면서

계발한 능력을 보유한 사람들이다. 자격증은 없지만 자기가 담당하는 일에서는 최고의 경지에 도달한 사람들이다. 그 경지는 감탄사만으로 부족할 정도다. 입이 딱 벌어진다. 그들이야말로 파워 프로다. 전문가다. 인재다.

멀티어다운 멀티어가 되려면, 그래서 멀티어십을 제대로 발휘하려면 완벽한 프로페셔널이 돼야 한다. 적어도 자기 전문 분야에서는 일단 달인 차원의 인재가 돼야 한다.

「생활의 달인」에서 얻을 수 있는 교훈이 있다. 누구든지 노력하면 달인이 될 수 있다는 사실이다. 그 프로그램에 등장하는 사람들은 하나같이 보통사람들이다. 대단한 학력의 소유자도 아니다. 특별한 자격증이나 학위를 갖고 있지도 않다. 그럼에도 확실한 자기 영역을 만들어냈다. 그것을 보면서 당신도 당신의 분야에서 달인이 될 수 있다는 희망과 가능성을 깨닫게 되기를 바란다.

'달인'에게는 몇 가지 공통점이 있다.

첫째는 반복의 힘이다. 그들은 끊임없는 반복을 통해 고수가 됐다. 그들을 보노라면 반복의 힘이 얼마나 위대한지 깨닫게 된다. 반복은 연습이자 학습이다. 독일의 신경과학자 다니엘 레비튼Daniel Levitin 박사는 특정 분야를 선택한 뒤 1만 시간만 연습하면 누구나 탁월한 전문가가 될 수 있다고 했다. 말콤 글래드웰도 『아웃라이어』에서 같은 말을 강조했다. 소위 '1만 시간의 법칙'이다.

하루 세 시간, 일주일에 약 스무 시간씩 10년을 쏟아부으면 누구나 달인이 될 수 있다는 말이다. 하루 여덟 시간씩 일하는 직장인이라면 3~4년 만에 탁월한 전문가가 될 수 있다는 계산이 된다. 서당 강아지도 3년이면 풍월을 읊는다. 사람이야 말할 것도 없지 않은가. 거꾸로 말해보자. 직장생활 3~4년이 지나고도 자기 분야에서 전문가가 되지 못했다면 문제가 있다는 이야기다.

둘째는 단순한 반복이 아니라 머리를 써서 창의적으로 일한다는 점이다. 옆에서 함께 일하는 동료는 잘 안 되는데 왜 그들은 될까? 다른 사람들은 단순한 반복에 그쳤지만 그들은 생각하는 반복을 하기 때문이다. 창의적 반복이라는 점이 프로와 아마추어의 차이를 만든다. '좀 더 나은 방법이 없을까?' 머리를 쓰고 아이디어를 짜내면서 일하는 것이 그들의 특징이다. 직장에서도 마찬가지다. 매일매일 같은 업무를 반복하더라도 머리를 쓰고 궁리를 하고 더 나은 방법을 찾아 반복해야 전문가가 된다. 그래야 차원이 다른 창의적 달인, 스페셜한 전문가가 되는 것이다.

셋째는 일에서 보람을 찾고 스스로 재미를 만들어낸다는 점이다. 이 점이 매우 중요하다. 「생활의 달인」에 등장하는 사람들을 보면 하나같이 일과 인생에 긍정적이다. 좋지 않은 환경에서 일하면서도 표정이 밝다. 고생을 하면서도 즐거이 한다.

사실 달인이 돼봤자 일만 많이 하게 될지 모른다. 똑같은 봉급을 받으면서도 다른 동료가 열 개를 작업할 때 달인은 스무 개, 서른 개를 한다. 괜히 고생만 더 하는 꼴이 될 수 있다. 그러나 기꺼이 그렇게 한다. 남보다 탁월한 위치에 있음을 자랑스레 생각하기 때문이다. 그것에서 보람을 만끽하기 때문이다. 그럼으로써 결국은 회사에서 없어서는 안 되는 인재로 아낌을 받는다. 승승장구한다.

이상의 세 가지가 내가 분석해본 달인의 공통점, 일명 '달인의 법칙'이다. 그 법칙성은 전문가에게 고스란히 해당한다. 어느 분야에서 일가를 이룬 사람을 머리에 떠올려보라. 어떻게 그렇게 됐는지 분석해보자. 분명 '달인의 법칙'이 적용됨을 발견할 수 있을 것이다. 아니, 달인의 법칙을 실행하는 사람만이 달인이 될 수 있다. 일가를 이루는 스페셜한 전문가가 될 수 있다.

멀티어십은 두루뭉술한 방식이 아니다. 일단 한 분야에 정통해야 한다. 무슨 일을 하든 하려면 제대로 해야 한다. 그것이 멀티어십이다. 정통하되 남보다 뛰어난 달인 수준의 전문가가 되기를 권한다. 그래야 제대로 된 멀티어십을 발휘할 수 있다.

멀티와 스페셜의 관계

병사 한 명이 망원조준경이 달린 긴 소총을 겨누고 있는 포스터가 있다. 그런데 그 포스터를 전봇대 같은 원통형 기둥에 둥글게 붙이면 총부리가 병사의 뒷머리를 겨냥하게 된다. 사진 밑에는 '뿌린대로 거두리라What goes around comes around'는 문구가 적혀 있다.

그런 포스터를 본 적이 있는가? 실물은 보지 못했을지라도 인터넷 등에서 본 적은 있을 것이다(없다면 찾아보라. 그 아이디어의 탁월성에 놀란다). 이라크전쟁의 중단을 바라는 유명한 반전 포스터다. 잘 알려진

대로 그 포스터는 2009년 국제 5대 광고제를 석권하며 화제를 모았던 작품이다. 더 흥미로운 것은 그 기발한 아이디어를 낸 이가 바로 우리나라 사람 박서원 씨다.

세계를 놀라게 한 광고계의 기린아, '빅앤트 인터네셔널'의 CEO 박서원 씨는 『생각하는 미친놈』에서 멀티와 스페셜의 관계를 잘 설명하고 있다. 물론 내가 주장하는 멀티어십을 알고 그런 것은 아니다.

"그 분야에서 가장 발군의 실력을 발휘하는 스페셜리스트만이 어떤 고난도 극복하는 힘을 지닌다. 물론, 당장 하고 싶은 일 대신 잘하는 일을 택하는 것이 망설여질 수 있다. 하지만 이렇게 생각해보면 어떨까? 나는 A라는 일을 좋아해서 그 일을 배웠지만, B를 잘해서 이 일을 시작했다. 그러면 나는 A도 할 줄 알면서 B를 잘하는 사람이 될 수 있는 것이다. 즉 스페셜리스트를 택하는 길이 결국 멀티플레이어가 될 수 있다는 말이다. 영역의 넘나듦, 서로 다른 능력의 융합은 크리에이티브에서뿐만 아니라 일반 비즈니스에도 통용되는 강력한 법칙이다."[33]

전문성의 허와 실

광고 이야기가 나왔으니 내친김에 광고 이야기를 더 해보겠다. "프로는 아름답다"라는 광고 카피가 유행한 적이 있다. 그처럼 '프로'라고 하면 왠지 멋지고 아름다운 이미지가 떠오른다. '프로페셔널'이니 '프로 근성'이니 하는 말도 많이 사용한다. 그 역시 좋은 이미지임에 틀림없다. 이때 '프로'라고 하면 으레 한 분야에서 타의 추종을 불허

할 만큼 탁월한 식견과 능력을 갖춘 전문가를 머리에 떠올린다. 이런 전문가가 스페셜리스트라고 해서 직장인들이 소망하는 스페셜한 모델이기도 하다.

'전문가'라고 하면 당신은 어떤 사람이 생각나는가? 아마도 외곬로 한 우물을 깊게 파서 일가를 이룬 사람을 떠올리게 될 것이다. 맞다. 프로라고 불리든 스페셜리스트라고 불리든 전문가로 인정받는 사람들은 한 분야를 깊게 다룬다. 그럼으로써 나름의 세계를 구축한 사람들이다.

그런데 프로라는 이름의 전문가들이 경계해야 할 것이 있다. 자칫하면 전문가 특유의 한계와 맹점을 드러낼 수 있다는 점이다. 자기가 구축한 세계에서는 '왕'인데 그 세계를 벗어나면 '하인' 수준이 될 수 있다. 자신의 분야에서는 발군의 역량을 보여주면서도 그 영역만 벗어나면 '원시인' 수준이 될 수 있는 것이다.

미술이나 음악 등 예술 분야, 스포츠 분야, 과학 분야에서 그런 사람을 종종 발견할 수 있다. 소위 괴짜나 기인奇人 중에 그런 이가 많다. 예술, 스포츠, 과학 등의 특정 분야에서는 그런 외곬수가 대접을 받을 수 있다. 그러나 일반 직장인으로서, 생활인으로서 자기 전문 분야 말고는 문외한이라면 확실히 문제가 된다. 오늘날 통섭의 시대에는 예술, 스포츠, 과학 등의 분야에서도 외곬인 사람은 크게 성장하기 힘들다. 하물며 직장인에 있어서랴.

문제가 되는 이유가 있다.

첫째, 그런 외곬수로는 전문 영역이 성장, 발전하는 데 한계가 있기 때문이다. 전문가로서 자신의 영역에서 남보다 뛰어난 전문성을 보이기 위해서는 그 분야에서 높은 역량을 보여줘야 한다. 그런데 그 '높이'는 해당 분야의 지식과 기능만으로 쌓아올리기에는 역부족이다. 자신의 전문성을 높이려면 다른 분야에도 통달해야 한다는 말이다.

"우물을 깊게 파려면 넓게 파야 한다"는 말이 있다. 우물을 좁게 파 들어가면 깊이 들어가는 데 곧 한계에 봉착한다. 그것은 마치 탑을 높이 쌓으려면 저변을 넓게 잡아야 하는 것과 같은 이치다. 저변을 넓게 잡지 않고 탑을 쌓는다면 제아무리 탑 쌓기의 명장이요 전문가라 하더라도 높이 올리는 데 문제가 있을 수밖에 없다. 그러나 저변을 넓게 잡으면 그에 비례해 얼마든지 높게 올릴 수 있다. 따라서 자신의 역량을 더욱 뛰어나게 하고 싶다면 '멀티'에 눈을 돌려야 한다. 올리버 버크먼은 『행복중독자』에서 말했다.

"물론 한 사람이 할 수 있는 일에는 어느 정도 한계가 있다. 그러나 한 우물을 파는 것이 최고라는 생각, 단 하나의 전문직을 고수하는 것만이 최선의 길이라는 생각만 버려도 당신 앞에는 새로운 세계가 열릴 것이다."[34]

우물을 깊게 파려면 넓게 파라

둘째, 외골수 전문가는 시대적 상황에 맞지 않기 때문이다. 앞에서도 여러 차례 강조했지만 지금은 그리고 미래는 멀티의 시대다. 현대사회의 거대한 조류, 메가트렌드는 '멀티'다. 그래서 미래학자들은 앞으로는 "멀티플레이어가 되지 않으면 죽는다"고까지 단언한다(그들이 말하는 멀티플레이어는 내가 말하는 '멀티어'로 봐야 한다). 급변하는 치열한 경쟁사회에서 살아남으려면 끊임없이 변화해야 한다. 그 변화에 적응하려면 멀티는 필수적이다.

또 고용의 유연성 때문에 앞으로 직장인들은 일생을 한곳에서만 머물지 못한다. 여러 직장을 옮겨 다녀야 한다. 평생직장의 개념이 사라진다. 능력에 따라 이곳저곳 직장을 옮기게 된다. 『메가트렌드 코리아』에서는 이를 '커리어의 복잡화'라는 개념으로 잘 설명하고 있다.[35]

그동안 우리는 하나의 직장에서 고정적·안정적 삶을 기대했다. 그러나 앞으로는 언제나 자신의 능력을 발휘할 수 있도록 새로운 직장으로 옮겨 다니는 '잡 노마드'(직업job을 따라 유랑하는 유목민nomad이라는 뜻)가 될 수밖에 없다.

또 고령화 사회가 되면서 성장-학습-취업-퇴직 등 '순차적 생애'를 언제든지 '복선적 생애'로 전환할 수 있어야 한다. 그에 대비하기 위해서라도 반드시 유능한 멀티적 능력과 역량을 갖춰야 한다. 즉 '1인 다직업 시대One Person, Multiple Careeas(마시 앨보어의 책 제목이기도 하다)'에 노후 대책이나 생애 설계의 차원에서도 멀티어가 돼야 한다는 말이다.

이런 상황들을 고려한다면 단선적 전문가로서는 생존을 보장받기 어렵다. 한 우물만 좁게 파 들어가는 전문가로서는 인재 대접을 받을 수 없다. 자칫 노후에는 비참한 상황에 맞닥뜨릴 수 있다. 시대 여건에 적응하는 데 큰 맹점이 있기 때문이다. 이런 전문성의 맹점과 오류에 대해 서광원 생존경영연구소장이 치타의 경우를 들어 실감

나게 설명하고 있다.

치타는 시속이 약 110킬로미터에 달할 정도로 빨리 달린다. '달리기 전문가'다. 육상동물 중에서 가장 빨리 달린다. 그래서 사자나 표범에 비해 사냥 성공률이 두 배나 높다. 체형이 달리기 스페셜리스트로 특화됐다. 다리와 등뼈는 가늘고 길게 됐다. 바람의 저항을 덜 받도록 턱과 이빨의 크기도 줄었다. 몸무게도 40~50킬로그램에 불과하다. 몸이 무거우면 빨리 달릴 수 없기 때문이다. 문제는 치타의 비극이 여기서 비롯된다는 사실이다. 달리기 전문가, 사냥 스페셜리스트답게 사냥감들을 잘 포착해 쓰러뜨리기는 한다.

그런데 결정적 결함은 애써 잡은 사냥물을 지키거나 다른 곳으로 옮기지 못한다는 데 있다. 힘이 없기 때문이다. 표범은 사냥한 먹잇감을 사자나 하이에나에게 빼앗기지 않으려고 나무 위로 끌고 올라간다. 하지만 치타는 그럴 능력이 없다. 이것이 달리기 분야로 특화된 치타의 치명적 결함이다. 날씬하지만 힘이 없는 체격 때문에 사력을 다해 먹이를 잡아놓고는 절반 이상 표범이나 사자에게 빼앗기고 만다.[36]

치타의 사례는 전문가의 맹점을 보여준다. 한 분야에 대한 외골수적 전문성이 오히려 경쟁력을 떨어뜨리는 함정이 될 수 있다는 교훈을 보여주는 것이다.

전문성의 맹점을 극복하는 길

세 번째 이유는 외골수 전문가로는 복잡 다양한 문제를 해결하기가 어렵다는 점 때문이다.

1979년, 미국 쓰리마일 아일랜드에서 원자력발전소 방사능 유출 사고가 일어났다. 어마어마한 인명과 재산 피해, 환경 파괴가 발생했다. 래리 허션Larry Hirschhorn은 훗날 이 재난의 원인을 이렇게 지적했다.

"기술자들이 너무 좁은 특정 과제에만 전문화돼 있었기 때문에 전반적인 시스템에 대한 이해가 부족했으며, 결과적으로 이와 같은 중대한 비상 사태가 생기자, 문제를 찾아내 해결하지 못하고 매뉴얼을 뒤적이는 정도밖에 할 수 없었다."[37]

그들 전문가는 세분화된 교육을 통해 방대한 지식을 갖추고 있었다. 하지만 자기 전문 분야에만 한정돼 있었던 것이다.

이 책을 쓰는 중에 어떤 모임에 나갔다. 건설업에 종사하는 한 CEO로부터 이런 취지로 말을 들었다.

"요즘 남아메리카를 비롯해 중동 등 해외 건설이 활기를 띤다. 그런데 안타까운 일이 있다. 한국의 건설 인력이 매우 우수해 그곳에서 상당히 선호한다. 그런데 막상 진출하려고 하면 잘 안 된다. 영국 등 유럽의 경쟁 국가에 건설 시장을 빼앗겨 실제 수주로 이어지는 경우가 적다. 기술 부족 때문이 아니라 비용 문제 때문이다. 즉 영국 등 유럽의 건설 기술자는 한 사람이 설계, 시공, 감리 등 다양한 분야에 능통한 멀티적 역량을 갖고 있다. 그래서 전문가 한 명만 데려오고 나머지는 현지인을 고용하면 된다. 하지만 우리나라 기술자는 지나치게 전문화돼 있다. 그래서 한 팀을 이뤄 모셔와야 한다. 이 때문에 비용이 많이 든다."

멀티 전문가가 왜 경쟁력이 있는지 알 수 있는 좋은 사례라 하겠다.

전문성의 맹점과 한계를 극복하는 길은 명확하다. 간단하다. 의도적으로 스페셜리스트임과 동시에 제너럴리스트가 되도록 노력해야 한다. 멀티어가 돼야 한다. 전문성에만 갇혀 있다 보면 그 순간부터 정체된다. 심지어 퇴보가 뒤따른다. 퇴보한다고? 그렇다. 전문가의 생명은 희소성이다. 그런데 자꾸 새로운 전문가가 배출된다. 시대가 요구하는 전문성은 점점 더 다양한 능력을 필요로 하기 때문이다.

당신이 엔지니어라면 공학 외에도 경영, 회계, 조직 등 다양한 분야에 걸쳐 지식과 리더십을 갖춰야 한다. 그러면 나중에 CEO도 될 수 있다. 하지만 엔지니어라는 전문가의 틀에만 매여 있다면 평생 엔지니어에서 멈추고 만다. 그것도 점점 진부화된다. 쓸모가 적어진 엔지니어로 말이다.

이제는 '멀티'가 경쟁력이다. 멀티 전문가가 돼야 한다. 이것저것 골고루 알자는 이야기가 아니다. 자신의 전문성을 한 차원 높이기 위해 다른 분야에 통달해야 한다는 말이다. 아무쪼록 멀티 전문가가 되기를 권한다. 그래야 멀티어십이 형성된다.

멀티 전문가의 조건

· 일단 특정 분야의 스페셜리스트가 돼야 한다.

· 보통의 스페셜리스트가 아니라 탁월한 깊이와 폭넓은 지식을 갖고 있어
  야 한다.

· 자기 분야 외에도 다방면에 걸쳐 다양한 지식과 기능을 갖춰야 한다.

· 다른 분야의 지식과 기능을 갖춘다고 해서 겉핥기 수준이 되면 안 된다.
  일정 수준 이상으로 전문적 식견을 갖춰야 '멀티'를 내세울 수 있다.

· 아울러 자기 특유의 이론, 주장, 영역, 공헌이 있어야 한다.

· 지식과 정보 공유 네트워크를 가지고 있어야 한다.

멀티어십과 긍정성
멀티어십은 '긍정'에서 나온다

긍정의 힘은 위대하다

다시 상기해보자. 멀티어십이 무엇인가? 멀티어의 모럴과 패러다임이다. 그것은 언제 어디서 어떤 일을 하든, 즉 직장에서 어떤 역할과 임무를 부여받든 제대로 해낼 수 있는 멀티 능력과 정신 자세다. 같은 말을 계속 반복해서 강조하는 이유가 있다. 이것 하나만 제대로 마음에 담으면 멀티어십의 절반은 성공한 것과 같다고 보기 때문이다.

언제 어디서 어떤 역할이든 적극적으로 수행해내려면 가장 필요한 것이 '긍정'이다. 조직이나 상사가 부여하는 임무는 손쉬운 것도 있다. 반면 때로는 불가능하다고 느껴질 정도로 힘겨운 것도 있을 것이다. 그럼에도 그것을 이행하려면 일단 인정하고 받아들이는 절대적 긍정의 역량이 필수다. 회의하고 의문을 품거나 한술 더 떠서 부정하고 거부하는 자세라면 힘겨운 임무를 수행할 수 없다. 대표적 멀티어로 앞에서 살펴본 이순신 장군과 로완 중위에게서 우리는 절대긍정의 자세, 위대한 긍정의 힘을 배우게 된다.

힘겨움 속에서 희망을 만들어내는 긍정의 힘

이순신 장군을 생각하면 무엇이 떠오르는가? 임진왜란이 생각나기도 할 것이다. '23전 23승'의 신화가 떠오르기도 할 것이다. 나는 거북선이 떠오른다. 충무공이 발휘한 창의성의 백미라는 점에서 그렇다. 더불어 '상유십이 미신불사尚有十二 微臣不死'가 떠오른다. 참담한 상황에서도 희망의 끈을 놓지 않는 긍정성의 백미라는 의미에서 그렇다.

명량해전을 앞두고 선조는 수군을 폐하려고 한다. 충무공이 억울하게 백의종군하는 사이에 수군은 지리멸렬, 붕괴하다시피 했다. 그러자 수군으로는 더 이상 왜적을 막을 도리가 없으니 육지에서 싸울 것을 명한 것이다. 이순신 장군이 백의종군을 거쳐 다시 삼도수군통제사가 됐을 때 휘하에 고작 열두 척의 배가 남아 있을 뿐이었다. 그러니 어쩌면 당연한 명령이라 할 수도 있다.

그 열두 척의 배는 경상우수사 배설이 원균과 함께 칠천량해전漆川梁海戰에서 참패하고 가까스로 수습해 충무공에게 넘긴 것이다. 이때 충무공의 심정이 어땠을까? 상상력을 동원해 심정을 헤아려보라.

앞이 캄캄했을지도 모른다. 그런데도 충무공은 스스로 용기를 북돋운다. 그러면서 임금에게 저 유명한 '상유십이 미신불사'의 장계를 올린다. 그중에 나오는 몇 구절을 보자.

"지금 신에게는 싸울 수 있는 배가 열두 척이나 있사옵니다. 죽음을 각오하고 싸움에 임한다면 이길 방책이 있사옵니다: 今臣戰船 尚有十二금신전선 상유십이, 出死力拒戰則猶可爲也출사력거전즉유가위야."

"비록 싸울 수 있는 배가 적기는 하지만, 신이 죽지 않은 것을 왜놈들이 안다면 감히 업신여기지 못할 것이옵니다: 戰船雖寡전선수과, 微臣不死則不敢侮我矣미신불사즉불감모아의."

그러고는 수리한 한 척의 배를 합쳐 고작 열두 척의 배로 133척의 적선을 상대해 대승을 거둔다. 명량해전, 긍정의 힘이 낳은 기적이라 할 수 있다. 상상해보라. 불과 10여 척의 배로 열 배가 넘는 적군과 전투를 해야 하는 상황을! 그것이 어찌 정상적 상황이라 할 수 있겠는가. 어찌 전투를 벌일 엄두가 날 수 있겠는가. 적군은 새까맣게 몰려온다. 휘하 장수 중에 전장을 이탈하는 사람이 있을 정도다. 두렵고 힘겨운 상황이다. 하지만 충무공은 그 절체절명의 위기에서조차 승리의 가능성을 확신한다. 절대긍정의 정신을 보여준 것이다. "신에게는 아직도 열두 척의 배가 남아 있다"고 말이다. 다른 장수였다면 '열두 척밖에 없다'고 생각했을 것이다. '열두 척이나 있다'는 것과 전혀 다르다. 전자는 부정의 사고방식이다. 후자가 긍정의 사고방식임은 말할 것도 없다.

또 "신이 죽지 않은 것을 왜놈들이 안다면 감히 업신여기지 못할 것"이라는 자기 긍정도 압권이다. 자기 긍정이야말로 사람이 가질 수 있는 최고의 긍정 에너지다. 자기 자신을 믿는 긍정의 힘은 세상의 그 어떤 힘보다 강하고 위대한 것이다.

조엘 오스틴은 세계적인 베스트셀러 『긍정의 힘』에서 이렇게 말했다. "자기 마음에 있는 장벽은 누구도 깨뜨리지 못한다. 어떤 일을 할 수 없다고 생각하면 절대 할 수 없는 법이다. 그러므로 가장 무서운 적은 마음에 있는 셈이다. 마음속에서 패한 사람은 현실에서도 여지 없이 패한다."[38]

상황을 부정적이고 회의적으로 보는 사람이 현실에서 과연 무엇을 이루겠는가. 어려운 일이지만 그래도 해낼 수 있다는 긍정의 의지가 없는 사람이 과연 어떤 임무를 제대로 수행할 것인가. 이렇듯 멀티어십은 긍정성의 터전에서 싹튼다.

긍정 역량이 중요한 것은 그것이 세상과 일을 대하는 시각을 다르게 하기 때문이다. 긍정성은 힘든 일도 쉬운 것으로 받아들인다. 불가능한 것도 가능한 것으로 받아들인다. 때로는 힘겨운 노동도 즐거운 놀이처럼 받아들인다. 고통조차도 즐길 수 있는 여유를 준다. 어려운 여건 속에서도 행복을 느낀다. 불운 속에서도 감사할 줄 안다. 약점조차 긍정의 스펙트럼을 통과하면 강점이 될 수 있다.

긍정을 말할 때 자주 인용되는 사람이 있다. 마쓰시다 고노스케는 일본의 세계적 부호이자 사업가다. 마쓰시다그룹을 일군 '내쇼날' 상표의 창업자다. '기업 경영의 신'으로 불린다. 94세의 나이로 운명할 때까지 750개의 기업에 종업원 13만 명을 거느린 대기업 총수였다. 명성 못지않게 긍정의 힘을 이야기할 때 자주 등장한다.

잘 알려진 에피소드 하나. 어느 날 누군가가 마쓰시다 회장에게 물었다.

"회장님은 어떻게 해서 이처럼 큰 성공을 하셨습니까?"

대답은 이랬다.

"내가 성공할 수 있었던 것은 세 가지 큰 행운이 있었기 때문이다. 첫째는 집이 몹시 가난했던 것이다. 그 덕분에 나는 어릴 적부터 구두닦이와 신문팔이 같은 일로 고생을 했고 이를 통해 세상을 살아가는 데 필요한 경험을 얻을 수 있었다. 둘째는 허약하게 태어난 것이다. 그 덕분에 항상 건강 관리에 힘썼으므로 늙어서도 건강하게 지낼 수 있었다. 셋째는 배우지 못한 것이다. 초등학교 4학년을 중퇴했기 때문에 이 세상 모든 사람을 스승으로 받들어 항상 배우는 노력을 할 수 있었다."

긍정은 이처럼 고난이나 약점을 행운과 강점으로 승화시킨다. 그럼으로써 자신의 운명은 물론 더 나아가 세상을 변화시키는 위대한 힘을 발휘하는 것이다.

밝은 기운의 바이러스를 퍼뜨려라

긍정성은 자기 자신을 믿고 '잘될 것'이라는 낙관성이 뒷받침될 때 가능하다. 우리나라에서 잘나가는 한 CEO가 이런 말을 한 적이 있다. 인재의 조건은 세 가지다. 첫째 컨버전스형 인재(통섭형 인재의 다른 표현이다), 둘째 글로벌 역량을 지닌 인재, 셋째 밝은 기운의 바이러스

를 지닌 인재.[39]

앞의 두 가지는 이미 잘 알고 있다. 재미있는 것은 세 번째 조건이다. 밝은 기운의 바이러스? 바이러스라니까 무슨 병균을 보유하고 있는 사람으로 생각한다면 착각이다. 그 사람이 있음으로써 주위의 다른 사람들에게까지 긍정적이고 밝은 기운을 퍼뜨릴 수 있는 사람을 말하는 것이다.

나는 그 세 번째 조건이 매우 흥미롭다. 좋다. 실제로 직장생활을 하다 보면 그런 사람이 있다. 힘든 상황에서도 주위 사람들에게 용기를 주는 사람, "해보자!" "할 수 있다!"고 말하는 사람, 한마디로 긍정적이고 낙관적이고 밝은 사람이다.

낙관성은 어떤 일에 대해 긍정적 기대와 희망을 지니고 삶을 영위하는 태도를 말한다. 긍정심리학을 개척한 크리스토퍼 피터슨과 마틴 셀리그만은 이렇게 말했다.

"낙관성을 지닌 사람들은 자신이 소망하는 일들이 미래에 잘 실현될 수 있다는 희망적인 기대를 지니고 살아간다. 따라서 이들은 긍정 정서와 자신감을 지닐 뿐만 아니라 목표 달성을 위해서 활기차고 적극적인 행동을 하게 된다."

낙관적인 사람들은 어려움이 예상되는 상황에서도 항상 희망적이다. 부정적인 면보다는 밝은 면을 보려고 노력한다. 난관을 낙관으로 극복한다. 낙관한다는 것은 미래를 믿는다는 것이다. 또한 자신의 시도가 최상의 결과를 가져올 것으로 믿는다. 목표가 반드시 이뤄질 것이라 자신하는 것이다. 그러기에 난관에 봉착해서도 좌절하지 않는다. 그것을 극복하기 위해 과감히, 적극적으로 도전한다. 낙관적인 사람들의 사전에 '좌절'은 없다. 낙관성은 긍정성의 다른 표현이라 할 수 있다. 그래서 미국 작가 윌리엄 아서 워드William Arthur Ward는 이렇게 말했다.

"진정으로 낙관적인 사람은 문제를 인식해도 해결책을 찾아내고, 어려움을 알아도 극복할 수 있다고 믿고, 부정적인 상황을 보아도 긍정적인 상황을 강조하고, 최악의 상황에 맞닥뜨려도 최선의 결과를 기대하고, 불평할 이유가 있어도 미소 짓기로 마음먹는다."

직장생활에 어려움이 없는 경우는 없다. 언제나 위기다. 매년 연초에 기업의 CEO들이 던지는 신년 메시지를 보면 알 수 있다. CEO들의 신년사(또는 신년 메시지)의 유일한 공통점이 무엇인지 아는가? "위기다"라는 한마디가 꼭 들어간다는 점이다. 위기를 말하지 않은 CEO는 없다. 위기가 아닌 해도 없다. 그만큼 힘든 상황을 헤쳐가야 한다. 위기 상황에 직면해 제대로 헤쳐가려면 위기를 극복하고 그것을 기회로 삼겠다는 긍정과 낙관을 갖는 것이 중요하다. 그것이 멀티어십이다. 그래야 멀티어가 될 수 있다. 언제나 긍정의 눈으로 자기를 보고 세상을 보며 낙관적인 마음가짐으로 일에 임해야 한다. 부정적이고 회의적이라면 결코 멀티어가 될 수 없다.

삐딱하지 말기

직장생활을 해보면 삐딱한 사람이 있다. 삐딱하다? 그래, 맞다. 몸가짐이 삐딱한 것은 그렇다 치고 사고방식이 삐딱한 사람 말이다. 조직의 상황이나 상사의 처지를 긍정적으로 이해하며 수용하기보다는 항상 토를 달고 문제점을 크게 확대하고 부정적으로 보는 사람이 있다. 자기는 스스로 대단히 탁월한 사람, 문제의식이 뚜렷한 사람으로 생각할 것이다. 그러나 누가 그를 인정하랴.

물론 문제의식을 갖는 것은 중요하고 또 필요하다. 부정적 사고도 때로는 유익할 수 있다. 문제의식은 어떤 상황이나 현상의 문제에 대한 날카로운 통찰이다. 개념 있는 의식이다. 그것은 분명히 문제가 있는 상황을 마치 문제없는 것처럼 꾸미는 것을 꿰뚫어보며 문제 해결의 대안을 찾는 수준 높은 자세다. 그런 이유 있는 문제의식, 타당한 '부정'이야 누가 문제 삼을 것인가. 오히려 장려할 일임에 틀림없다.

그런데 그런 통찰의 의식이 아니라 사사건건 삐딱하게 보고 따지고 거부하고 부정하는 사람이 있다. 자신을 위해서나 조직을 위해서나 불행한 일이다. 그렇잖아도 요즘 세태가 대단히 삐딱하다. 강의를 하거나 글을 써도 상식의 궤를 벗어나고 삐딱하고 부정적이어야 개념 있고 진보적이고 문제의식이 있고 신념이 있는 사람처럼 보인다. 순응적·긍정적·교과서적 이야기를 했다가는 '꼴통' 취급을 받기 십상이다.

심지어 어떤 유명한 대학교수는 대학생들을 향해 이렇게 말했다.

"강의실에서 제발 정자세로 앉지 마라. 좀 삐딱하게 앉으면 안 되나. 교수한테 좀 기분 나쁘게 하는 놈이 없는 게 너무 기분 나쁘다."

활기찬 젊음, 계명된 삐딱함을 바라는 깊은 뜻을 모르지 않는다.

하지만 이쯤 되면 "선생님 말씀 잘 듣는 착한 학생이 되라"고 가르쳤던 부모들은 머쓱해진다.

세상 분위기가 이렇다 보니 멀쩡한 직장인들에게도 이상한 분위기가 감지된다. 직장인을 대상으로 교육하는 강사들의 모임에 가보면 이구동성으로 예전에 비해 강의하기가 무척 힘들어졌다고 한다. 걸핏하면 시비를 거는 삐딱한 청중 때문에 말이다.

나도 그런 경험이 적지 않다. 강의 내용 중에 정말로 문제점이 있어 문제를 제기하는 것은 당연하다. '왜?'라는 질문을 자주 던지는 것은 장려할 일이다. 그런데 그것이 아니다. 얼토당토않은 것을 꼬투리 잡아 강의 분위기를 망가뜨린다. 질 나쁘게 삐딱한 사람이 있으니 문제인 것이다.

결론부터 말하자면 삐딱한 사람이 되지 말기를 권한다. 정치나 시민운동을 하는 사람이라면 몰라도 직장인이라면 정말 삐딱하지 말기를 권한다. 강조하건대 순리의 사고방식, 긍정의 시각을 갖고 직장생활을 해야 한다. 부정적 사고에 젖어 부정적으로 직장생활을 하는 사람이 성공한 예는 거의 없다. 늘 아웃사이더로 있다가 직장을 그만둘 확률이 매우 크다. 어떤 이는 아웃사이더임을 자랑스럽게 말하기도 한다. 사회생활에서는 통할 수 있다. 하지만 직장에서는 통하지 않는다.

사회에서는 소위 '운동권'도 필요하다. 야당도 필요하다. 아웃사이더도 역할이 있다. 언론만 보더라도 '삐딱한' 언론이 있다. 그들에게는 아웃사이더를 대변하고 소수를 대변하는 '사명'이 있다. 그리고 더 나아가 때로는 아웃사이더, 야당, 소수가 사회의 주류가 될 수도 있다. '집권'할 수 있는 것이다.

그러나 직장의 아웃사이더, 야당, 소수파는 결코 '집권'하지 못한다. '주류'가 될 수 없다. 사회와 직장의 차이다. 바로 그 점을 알아야 한다.

이치가 그럼에도 직장인 중에 항상 삐딱하고 불만 가득한 사람이 있다. 좀 똑똑하다는 사람 중에 그런 사람이 있다. 방향이 빗나간 것이다. 자기가 마치 심판관이라도 되는 양 사사건건 자신의 의견을 내세운다. 당연히 삐딱한 의견이다.

정당하고 옳고 가치 있는 것이라면 누가 뭐라겠는가. 회사의 잘못된 방침을 지적하고 시정을 건의하는 것은 잘못이 아니다. 변화를 추구해 새로운 것을 요구하는 것은 반발이 아니다. 상사와 다른 의견을 바르게 말하는 것은 삐딱한 것이 아니다. 객관적으로 따질 만한 것이 있어서 따지는 것은 당연하다. 정당한 당신의 권리를 찾으려 하는 것은 당연하다. 창의력을 발휘하려면 세상을 삐딱하게 볼 수도 있어야 한다는 말도 있다. 당연히 건설적 비판, 긍정적 부정, 창의적 삐딱함은 소중하고 필요하다.

그러나 설령 그런 삐딱함이라도 방법이 있고 정도가 있고 금도가 있는 것이다. 사사건건 부정하고 저항하고 삐딱하다면 그 사람의 장래는 결코 밝지 않다. 직장 내에서 설 자리를 찾기 어렵다. 그러다 보면 결국 자신의 인생 자체가 삐딱해진다. 삐딱한 것도 일종의 습관이요 버릇이다. 때로는 기질적이다. 그런 사람들은 기본적으로 성격

자체가 독특하다는 연구 결과도 있다.

물론 사람은 누구나 양면성이 있게 마련이다. 부정적 성향과 긍정적 성향을 다 갖고 있다. 문제는 정도와 균형이다. 도를 넘지 않아야 한다는 것이다. 한 번쯤 냉정한 자기성찰을 통해 자신에게 어떤 습관, 어떤 기질이 있는지 점검해보는 것은 어떨까? 그리하여 삐딱함에 치우친 것이 발견된다면 반드시 '자세 수정'이 필요하다. 삐딱해서는 결코 멀티어가 될 수 없기 때문이다.

위기에서 기회를 만들어내는 긍정

"위기를 기회로!" 또는 "위기가 기회다!"라는 말을 즐겨 한다. 위기危機라는 단어에서 한자를 한 자씩 해석해 위기는 위험危險과 기회機會의 합성어라고 주장하기도 한다. 억지 논리 같지만 따지고 보면 매우 그럴듯하다. 이런 논리와 해석을 접하면 마치 위기에 처한 사람을 격려하고 위로하기 위해 만든 것처럼 느껴질지 모른다. 그래도 곰곰이 사리를 따져보면 맞는 말이다.

실제로 위기는 기회다. 수많은 사건과 역사가 증명하고 있다. 위기에서 함몰되면 그것으로 끝장인 반면 위기를 극복하기만 하면 새로운 번영과 새로운 역사가 시작되기 때문이다. 개인도 그렇고 회사도 그러하며 나라도 마찬가지다.

앞에서 살펴본 이순신 장군의 사례가 그것을 말해주지 않는가?

역설적이지만 임진왜란이 없었다면 충무공은 한 시대를 살다가 평범한 장군으로 생애를 마쳤을지도 모른다. 그렇지 않은가? 그것은 비단 이순신 장군에게만 해당하는 것이 아니다. 우리가 익히 알고 있는 역사적 인물들은 거의 모두가 위기를 극복함으로써 그 이름 석 자를 빛내고 있다. 성공한 사람들의 에피소드나 역사를 살펴보자. 하나같이 위기를 극복함으로써 기회로 만들었음을(자의든 타의든) 알게 된다.

직장생활도 마찬가지다. 회사에서 발군의 실력을 발휘해 우뚝 선 사람들은 평범한 상황에서 순탄한 길을 걸은 사람들이 아니다. 회사가 어려움에 처했을 때, 위기에 봉착했을 때 그것을 해결한 사람이 결국 회사의 영웅으로 칭송받고 자기 자리를 확고히 하는 것이다.

미국인의 가슴속에 깊이 남아 있는 존 F. 케네디 전 대통령은 제2차 세계대전 때 해군으로 참전했다. 그런데 어느 날 일본군의 포격을 받아 배가 격침됐다. 심한 부상을 입고도 동료를 구하고 자신도 살아남아 영웅이 됐다. 그 일이 훗날 대통령이 되는 데 도움을 준 것은 물론이다. 그의 특별보좌관이었던 테드 소렌슨이 회고한 「내가 아는 케네디」에는 이런 이야기가 나온다.

"우리 둘이서 1959년 위스콘신 주 애쉬런드의 거리를 함께 거닐고 있을 때 어떤 고등학생이 다가와서 '당신은 어떻게 영웅이 되었습니까?'라고 물으니까, 케네디는 '그건 쉽지. 적군이 나의 어뢰정을 침몰시켰기 때문이야'라고 대답했다."

역경을 만나면 드디어 기회가 왔다고 생각하라

세상을 살다 보면 순풍에 돛단 듯이 모든 일이 술술 풀리는 경우도 있다. 하지만 때로는 예상치 못한 역경에 직면하는 경우도 많다. 원래 인생이라는 것 자체가 예상치 못한 일의 연속이라고 하지 않는가. 문제는 그 역경을 어떻게 받아들이냐에 달렸다.

직장생활을 해보면 때로는 버거운 임무 때문에 힘든 때도 있다. 때로는 사건 사고에 노출돼 고통에 직면하는 수도 있다. 그럴 때는 그 상황을 피하려 해서는 안 된다. 그럴수록 고통만 더 증폭될 수 있다. 어차피 주어진 임무다. 어차피 일어난 일이다. 그렇다면 오히려 역발상으로 '드디어 기회가 왔다'고 생각할 것을 권한다. 그리고 정면승부를 걸어야 한다. 피한다고 피할 수 있는 것이 아니다. 그것이 멀티어의 자세요 사고방식이다.

목회자이면서 세상살이에 좋은 책을 내는 것으로 유명한 한홍 목사는 『거인들의 발자국』에서 폴 스톨츠Paul G. Stoltz의 말을 인용해 역경지수에 대해 설명하고 있다.[40] 사람들은 역경에 직면하면 보통 세 가지 종류로 나뉜다고 한다. 첫째, 그냥 포기하고 도망가버리는 사람인 퀴터quitter형. 둘째, 역경 앞에서 포기하고 도망가지는 않지만 그렇다고 역동적으로 문제를 넘어가는 것도 아닌 어정쩡한 유형으로 그냥 그 자리에 주저앉아 현상 유지에 급급한 캠퍼camper형. 셋째, 역경이라는 산을 만나면 모든 힘을 다해 기어 올라가 정복해버리는 클라이머climber형. 60~70퍼센트에 해당하는 대다수 사람은 캠퍼형이다. 하지만 결국 성공하는 사람은 클라이머형처럼 역경을 이겨내는 사람, 즉 역경지수_Adversity Quotient가 높은 사람이다.

사람의 능력을 말할 때 지능지수, 감성지수를 말한다. 하지만 수없이 많은 역경이 도사리고 있는 인생살이에서 실제로 중요한 것은 역경을 회피하지 않고 극복해내는 역경지수다. 그렇잖아도 요즘 사람들은 작은 어려움에도 쉽게 좌절하고 전의를 상실한다. 생활이 풍요로워지면서 그 반작용으로 나약해졌다는 것이다. 그렇기에 강인한 극기의 정신을 가진 사람은 더욱 돋보인다. 웬만한 역경 따위는 대수롭지 않게 여기며 매사에 자신감을 갖고 긍정적 자세로 임하는 사람, 즉 역경지수가 높은 사람이 돋보이는 것이다.

실존주의 철학자 니체는 역경의 긍정적 가치에 대해 이렇게 말했다.

"죽음에 이르는 고통이 아닌 한 그 고통은 나를 더욱 강하게 변화시킨다."

역경지수가 높은 사람은 역경에 직면하면 그것을 일단 긍정하고 받아들인다. 그럼으로써 기회로 승화시킨다. 어떤 충격적인 일이 일어나더라도 쉽게 받아들인다. 하나의 현실로 수용한다. 수용성이 뛰어나다. 그리고 그것에서 교훈을 찾는다. 도약의 발판으로 만든다.

이순신 장군이 대표적인 경우다. 누구보다도 역경지수가 높은 뛰어난 멀티어다. 웬만한 사람이라면 열두 척의 배를 보고 절망했을 것이다. 열 배가 넘는 적군의 위력 앞에서 패닉 상태에 빠지고 전의를 상실할 것이 뻔하다. 감히 "신에게는 아직도 열두 척의 배가 있사옵니다"라는 장계를 올리지 못할 것이다. 그러나 그는 역경지수가 높고 수용성이 넓었기에 있을 수 있는 일로 받아들였다. 현재 가지고 있는 배로 한바탕 싸워보자고 전의를 불태웠다. 지독한 자신감의 발로라 할 수 있다. 자기 자신에 대한 믿음이 그만큼 강했다. 자신이 없는 사람이 그런 장계를 올렸다면 그것은 만용이다. 무모함에 불과하다.

긍정성을 배가시키는 자신감

위기를 기회로 만들려면 그것을 현실로 받아들이고 역경을 순경으로 만드는 용기와 지혜가 필요하다. 그러기 위해서 가장 필요한 것은 그 위기와 역경을 이겨낼 수 있다는 자신감이다.

자신감이란 바로 자기 자신에 대한 긍정성이다. 자신감이란 '자신에게 주어진 과제를 달성하거나 성취할 수 있다는 확신'이다. '자기_自에 대한 믿음_信'이다. 인생살이에서 만나게 되는 역경과 싸워 이길 수 있는 능력이 자기에게 있다는 믿음이다. 또한 싸우면 이길 것이라는 믿음이다. 상대방보다 내가 더 낫다는 믿음이다. 그를 제압할 수 있다는 믿음이다.

세상을 살아가는 데 가장 중요한 한 가지를 선택하라면 나는 '자신감'을 꼽는다. 자신감은 경쟁력의 원천이다. 성공의 원동력이다. 자신감이 있는 사람은 행동이 다르고 말이 다르며 처세가 다르다. 그리고 자신감은 능력 발휘를 배가_{倍加}시킨다.

운동선수들이 자신의 종목과 전혀 관계없는 듯한 이상하고도(?) 혹독한 체력 훈련을 받는 것도 자신감을 얻기 위해서다. 여자 양궁 선수가 해병대 교육을 왜 받겠는가? 바로 자신감을 함양하기 위해서다. 해낼 수 있다는 믿음을 심어주기 위해서다. 직장인들이 업무와 전혀 관련 없는 극기 훈련을 받는 것도 그래서다. 힘들고 고통스런 과정을 겪는 극기의 경험을 통해 정신력이 강화된다. 그럼으로써 어떤 상황과 역경도 헤쳐나갈 수 있다는 자신에 대한 믿음이 생기기 때문이다.

삶에서 자신감은 매우 중요하다. 자신감은 긍정성의 최고봉이라 할 수 있다. 심리학자 매슬로우_{Abraham H. Maslow}는 이렇게 말했다.

"인간이 성취를 이루지 못하는 가장 큰 이유는 자신감을 상실하는 데 있다."

어디서 무엇을 하든 자신감이 결여되면 아무것도 만족하게 이루지 못한다. 젊은 청년들의 사망률 1위가 자살인 이유도 힘겨운 상황을 극복하는 데 대한 자신감이 결여됨으로써 나타나는 현실도피라 할 수 있다. 심지어 섹스도 자신감이 없으면 발기부전, 조루, 불감증 등의 성 트러블을 일으킨다. 그러니 다른 일이야 말할 것도 없다.

자신감은 그것을 잃기 시작하면 걷잡을 수 없게 된다. 점점 더 힘들어진다. '나는 열등하다' '나는 할 수 없다'와 같이 부정적 자아가 고개를 들게 되면 그에 비례해 결점이 점점 더 크게 부각된다. 그것이 사실 이상으로 과장된다. 그럼으로써 결국 아무것도 할 수 없는 무능력자로 추락하게 된다. 그러기에 어떤 경우라도 자신감을 잃어서는 안 된다. 자기 자신을 믿는 긍정의 힘은 세상의 그 어떤 힘보다 강하고 위대하다.

랄프 왈도 에머슨은 말했다.

"자기 자신에 대한 믿음을 잃는다면 온 세상이 나의 적이 된다."

자기 자신을 믿지 못하는 사람은 어떤 일도 성공할 수 없다는 말이다.

잭 웰치는 『끝없는 도전과 용기』에서 이렇게 말했다.

"어머니가 내게 물려준 가장 큰 선물은 자신감일 것이다. 그것은 내가 지금껏 추구해왔고, 또 나와 함께 일했던 모든 사람에게 심어주려 했던 것이다. 자신감은 사람들에게 용기를 주고, 한계를 극복하게 해준다. 그것은 더욱 큰 위험을 감수하게 해 스스로 가능하다고 생각했던 것 이상의 성취를 할 수 있도록 해준다. 또한 사람들에게 기회를 제공하고, 상상조차 못 했던 일들에 도전하게 한다."[41]

자신감이 기회를 만들어준다

자신감에 대한 잭 웰치의 이야기를 인용하다가 문득 떠오른 사람이 있다. 얼마 전 서울의 어느 호텔에서 있었던 일이다. 그날의 모임에서는 '행복과 성공'에 대한 몇 사람의 연설이 준비돼 있었다. 나도 연사 자격으로 참석했다. 그런데 연사로 초청된 사람 가운데 눈에 확 들어오는 이가 있었다. 한때 세상을 떠들썩하게 했던 유명 인사가 자리 잡고 있었다. 국제적 로비스트로 국익을 위해 미국 등에서 활약했던 사람이다(이름을 대면 알겠지만 여기서는 밝히지 않겠다).

그는 일찍이 미국으로 건너가 그곳에서 대학을 나오고 크게 성공했었다. 유명한 대학에서 학생회장까지 했다. 다양한 인맥을 중심으로 사교계를 주름잡기도 했다. 그가 마이크를 잡자 좌중이 조용해졌다. 나도 흥미진진한 마음이 됐다. 그가 말하는 행복과 성공은 무엇일지 궁금했기 때문이다. 이제 백발이 성성하고 얼굴에 주름이 깊게 파인 그가 낮은 목소리로 말했다. 그 가운데 마음에 깊이 새겨진 것이 있다. 요지는 이렇다.

"나 같은 동양인이 어떻게 미국의 사교계에 자리 잡을 수 있었는지 사람들은 궁금해합니다. 어떻게 동양인, 그것도 후진국(그가 대학생일 때 한국은 후진국이었다)의 학생이 미국 명문대학의 학생회장이 될 수 있었는지 의아해합니다. 한마디로 그것은 자신감 때문입니다. 아버지는 어린 시절부터 내게 '너는 할 수 있다'고 자신감을 심어주셨습니다.

그래서 나는 항상 자신감에 충만했고 그런 자신감이 밖으로 표출됐던 것 같습니다. 언젠가 미국의 동창생에게 '왜 나 같은 동양인을 학생회장으로 뽑았냐'고 물어봤습니다. 그들의 대답이 그랬습니다. '동양인 녀석이 기죽지 않고 자신만만해 보이는 게 좋아서 그랬다'고 말입니다. 내게 성공의 요인을 말하라면 두말할 것 없이 자신감이라고 하겠습니다."

자신감은 세상살이에서 그렇게 중요하다. 자신감이 충만하면 당연히 긍정성이 발동된다. 그리고 세상과 일을 낙관적으로 보게 될 것이다. 그럼 어떻게 하면 자신감이 충만한 사람이 될 수 있을까?

자신감은 타고난 기질일 수도 있다. 하지만 후천적 영향이 더 클수도 있다. 작은 성공을 거듭 거둠으로써 자신감이 형성될 수 있다. 때로는 의도적 노력으로 자신감을 쌓을 수 있다. 그래서 전문가들은 의도적 자신감이 자신감을 낳는다고 한다. 예를 들면 세일즈맨에게서 그런 방식을 배울 수 있다.

현실적으로 볼 때 일상에서 항상 역경에 노출되는 대표적 직업은 아마도 세일즈맨일 것이다. 세일즈맨과 같은 수준의 역경을 수시로 만나는 직업은 별로 없다. 낯선 사람에게 친근한 척 다가서야 한다. 또 물건을 판매해야 하는 것은 결코 쉬운 일이 아니다. 가슴 떨리는 역경일 수 있다.

그래서 팀 어시니Tim Ursiny 등은 『세일즈맨이여, 가면을 벗어라』에서 세일즈라는 직업은 소심한 사람들에게는 적합하지 않다고 했다. 열정과 자신감으로 직면해야 하는 도전거리를 매일같이 맞이하기 때문이다. 그들의 말이다.

"자신감을 잃은 세일즈맨은 생계를 꾸려갈 수 없다. 세일즈맨의 직업적 안전과 성공의 정도는 자신감의 정도에 달려 있다. 자신감이 부족하면 한마디로 세일즈맨으로 살아갈 수 없다."[42]

그럼 세일즈맨들은 모두 타고난 자신감의 화신들인가? 당연히 아니다. 어쩌다 세일즈맨의 길에 들어섰을 것이다. 그렇다면 그들은 어떻게 자신감을 고취해 수시로 부닥치는 역경에 대응할까? 방법은 단순하다. 의도적으로 자신감을 가지려 노력하는 것이다. 처음부터 자신감이 있어서 낯선 이에게 다가가는 것이 아니다. 단단히 마음을 먹고 낯선 이에게 다가간다. 그럼으로써 서서히 자신감이 일어나는 것이다. 용기 있게 낯선 집의 문을 박차고 들어섬으로써 역경을 헤쳐나가는 것이다. 그럼으로써 서서히 자신감의 화신이 돼갈 것이다.

기네스북에 열두 번이나 오른 세계 최고의 세일즈맨 조 지라드. 그는 어디를 가든 '넘버 원'이라고 쓰인 넥타이핀을 꽂고 다녔다. 사람들이 물었다.

"당신의 넥타이핀에 새겨진 글이 무슨 뜻입니까?"

그러면 대답한다.

"이것은 내가 내 인생에서 세계 제일인자라는 뜻입니다."

그는 스스로에게 세계 제일인자라는 자기암시를 끊질기게 했다. 그럼으로써 자신감을 키웠던 것이다.

마리아 테레사는 자기 자신을 믿고 긍정하면서 이렇게 말했다.

"나는 언제나 모든 일의 좋은 면만을 본다. 매사에 걱정거리가 되는 어두운 면만 보는 사람이 있지만 나는 그렇지 않다. 비록 엄청난 고통에 짓눌린다 해도, 하늘이 온통 먹구름으로 뒤덮여 한 점도 보이지 않는다 해도 괜찮다. 나는 고통도 낙으로 여기겠다.

노만 V. 필도 낙관과 긍정에서 나오는 자신감에 대해 말한다.

"낙관이란 근본적으로 인생은 좋은 것이요, 결국 인생 속에 있는 선이 악을 정복한다는 믿음에 근거한 철학이다. 또 그것은 모든 어려움, 모든 고통 속에서 어떤 좋은 것이 포함돼 있다는 것을 전제로 한다. 그리고 낙관자는 좋은 것을 찾는 사람을 의미한다. 진실로 신나게 인생을 산 사람 중에서 마음속에 낙관이 없었던 사람은 단 한 사람도 없었다."

멀티어가 되려면 자신감을 가져야 한다. 멀티어십은 자기 자신을 믿고 긍정하는 자신감에서 비롯된다. 이 점을 잊지 말자.

자신감을 얻는 법-이렇게 해보자

· 꿈과 목표가 분명해야 한다. 그리고 마음속에 품은 열망을 통해 반드시 그 목표를 실현하고야 말겠다는 굳은 결심을 해야 한다.

· 자신의 운명을 긍정적으로 생각하고 열심히 하면 좋은 일이 생길 것임을 확신해야 한다.

· 열등한 생각이 머리에 머물지 않도록 떨쳐내야 한다. 문득 그런 생각이 들 때는 의도적으로 외면하는 것도 한 가지 방법이다.

· 있는 그대로 받아들인다. 생김새 등 자신의 조건을 있는 그대로 긍정적으로 받아들인다. 그리고 역발상을 통해 강점이 되도록 생각한다.

· 의도적으로 자신감 있게 행동한다. 일부러 당당하게 행동한다.

· 때로는 '죽기 아니면 까무러치기'라는 생각으로 난관에 당당히 맞선다. 막다른 절벽으로 자신을 몰아세우고 끈질기게 저항하는 것도 한 가지 방법이다.

· 자신감이 넘쳐나는 사람들과 어울린다. 부정적 사고방식을 갖고 열등감에 젖어 있는 사람은 되도록 멀리하라. 기억하라. 자신감이 자신감을 낳는다는 것을.

· 줄기차게 자기암시를 한다. 스스로 되고자 하는 사람을 떠올리며 매일 30분 정도씩 묵상을 한다.

· 당당한 자신감으로 마음속을 계속 채워라. 자신감을 쌓아주는 문장이 적힌 카드 하나를 욕실 거울이나 자동차의 차양판 등에 붙여놓고 수시로 읽어보라. 자기암시를 한다. 자기암시를 통해 그런 믿음을 지배적인 생각으로 고정시킨다. 그러면 정상에 도달할 때까지 맞닥뜨리는 모든 장애를 이기도록 도와준다.

임무를 직시하라

회사가 당신에게 어떤 임무, 어떤 일을 맡기는 구체적 조치는 크게 두 가지가 있다. 하나는 명령이다. 또 하나는 인사 조치다(물론 인사도 명령의 하나이기는 하다). 명령은 그때그때 일어나는 임무 부여의 한 방식이다. 인사 조치는 보직, 이동, 승진, 업무 분장 등을 통한 더욱 크고 포괄적인 임무 부여 방식이라 할 수 있다.

사실 직장인에게 인사는 대단히 큰 관심사다. 일 년 중 연말이나 연초의 정기 인사 때가 되면 모두들 가슴을 졸이며 귀추를 주목한다. 그리고 인사가 터졌을 때 어떤 이는 환호하고 어떤 이는 낙담하기도 한다. 인사 발령 하나로 처지가 왔다 갔다 한다. 그것이 직장인이요 조직원이다.

자고로 "인사人事가 만사萬事"라고 했다. 조직 운영의 기본은 인사에 있는 것이요 조직의 흥망성쇠가 인사에 달렸다는 의미다. 그러나 조직의 차원에서뿐만 아니라 개인의 입장에서도 인사가 만사다. 인사에 따라 개인의 흥망성쇠도 좌우되기 때문이다.

인사에 일희일비하지 마라

인사에 따라 어떤 이는 원하던 일, 소망하던 업무를 맡게 될 것이다. 또 어떤 이는 내키지 않는 일, 힘겨운 업무를 맡게 될 것이다. 어떤 이는 특별승진의 파격적 행운을 잡을 것이다. 어떤 이는 희망하던 부서로 옮길 것이다. 승진할 것으로 잔뜩 기대하고 있었는데 물먹는 경우도 있을 것이다. 때로는 전혀 생각지도 않았는데 소위 '한직'이나 '고생하는 부서'로 밀려나는 사람도 있을 것이다.

인사의 형태는 각양각색이다. 개인적 사정을 들어보면 별별 사연이 다 있을 것이 분명하다. 뜻대로 된 사람은 하늘을 날 것처럼 의기양양할 것이다. 물먹었다고 생각하는 사람은 크게 낙담할 것이다. 무엇보다 '직장에서 가장 유능하고 가장 일을 많이 하는' 것으로 믿고 있는 가족이 실망할 것을 생각하면 정말 아뜩할 것이다.

결론적으로 말해 인사에 너무 일희일비하지 말기를 바란다. '전화위복'이라는 말도 있다. '새옹지마'라는 말도 있다. '인생역전'이라는 말도 있지 않은가. 세상은 끝까지 가봐야 안다. 어느 것이 정말로 행운인지 불행인지는 끝까지 가봐야 안다.

제2차 세계대전을 통해 영웅으로 떠오른 장군 몇 사람이 있다. 그중에 조지 마셜, 더글러스 맥아더, 드와이트 아이젠하워 장군에게 얽힌 에피소드는 흥미진진하다.

마셜과 맥아더는 1880년생으로 나이가 같다. 아이젠하워는 그들보다 열 살이나 아래다. 그중 마셜 장군은 정규 웨스트포인트 출신이 아니다. 우리식으로 치면 제3사관학교쯤 되는 버지니아 주립사관학교 출신이다. 졸업(임관)은 나머지 장군들에 비해 가장 먼저(1901년) 했다. 그러나 승진은 무척 늦었다. 소위에서 중위로 진급하는 데 5년이 걸렸고 35세까지 여전히 중위에 머물렀다. 중령에서 준장이 되는데 무려 18년이나 걸렸다. 2년 늦게 임관한 맥아더 장군은 1930년에 육군참모총장이 됐다. 하지만 마셜은 그로부터 6년이나 지난 후에

겨우 별 하나를 달아 준장이 됐다. 오죽했으면 한때 군을 떠나려고
까지 했을까.

그러나 그는 끝까지 최선을 다해 일했다. 그래서 결국 육군참모총
장이 됐다. 제2차 세계대전을 승리로 이끄는 주역이 됐다. 그 후에는
국무장관으로 일하면서 서유럽부흥계획인 저 유명한 '마셜플랜'을
제안했다. 그 공로로 1953년에 노벨 평화상을 받게 된다.

아이젠하워 장군은 어땠는가. 맥아더 참모총장 밑에서 참모로 일
했다. 마셜에 의해 유럽연합군 최고사령관을 맡았다. 나중에 미합
중국의 대통령이 됐다. 1952년의 일이다.

'최연소'의 기록을 계속 세우며 참모총장이 된 맥아더는 1937년,
그러니까 마셜이 준장이 된 이듬해 군을 떠났다. 그 후 1941년 태평
양전쟁이 발발하자 태평양 지역 최고사령관으로 다시 복귀하게 된
다. 한국전쟁에서 인천상륙작전을 감행했을 때 몇 살이었는지 아는
가? 일흔이었다.[43]

그것이 인생이다. 돌고 도는 것이다. 어떤 것이 더 나은 일인지 쉽
게 판단할 수 없다는 말이다. 이번 인사에서 밀렸다고 해서 꼭 실패
한 인생이 되는 것도 아니다. 발탁됐다고 해서 인생이 발딱 일어서는
것도 아니다. 굵고 짧게 사는 것도 멋있어 보인다. 하지만 가늘고 길
게 사는 것도 훌륭한 인생살이다. 어떤 길이 좋은 길인지는 가봐야
한다. 끝까지 가봐야 안다. 결코 일희일비할 일이 아니다.

인사의 깊은 뜻을 받아들이는 법

'인사가 만사'라고 했다. 그렇듯이 인사권자는 정말로 인사를 잘해야 한다. 흔히 말하는 대로 '묵묵히 열심히 일한 사람'을 잘 찾아서 챙겨줘야 한다. 결코 억울한 사람이 있어서는 안 된다. 또 '이상한 사람'이 우대받는 일이 있어서도 안 된다. 그러나 그것은 인사권자의 몫이다. 인사 대상자가 되는 직장인들은 인사에 대해 나름의 기준을 분명히 하고 일해야 한다.

인사에서 불이익을 받았다고 생각하는 사람은 "뭐, 그 따위 인사가 있냐?"고 항의할 것이다. 하지만 인사권자 입장에서 보면 그럴 만한 이유가 있기 때문임을 알아야 한다. 직장인으로서 가장 멍청한 짓 하나가 인사에 반발하는 것이다. 인사권자는 인사를 하고 난 이후에 그 대상자가 어떻게 처신하는지를 알게 모르게 체크한다. 이 점을 잊지 말아야 한다.

당신이 당신 자신을 평가하는 것과 인사권자가 당신을 평가하는 것은 다르다. 따라서 인사는 회사와 경영층이 당신을 그렇게 평가하고 있다는 냉정한 결론임을 인정해야 한다. 그것을 인정하면 인사를 받아들이는 자세가 달라진다. 긍정하게 된다. 원망할 것이 아니라 반성하게 된다. 인사 결과를 도약의 발판으로 삼아 기사회생의 기회로 만들게 된다.

인사에서 가장 조심해야 할 때가 불이익을 당했을 경우다. 억울하다고 생각될 경우다. 힘겨운 업무에 배치됐을 경우다. 이런 때 사람인 이상 서운할 것이다. 맥이 빠질 수 있다. 의기소침할 수도 있다.

그러나 그 같은 감정에서 재빨리 빠져나와야 한다. 앞에서 살펴본 대로 그 경우야말로 위기 상황이다. 하지만 거꾸로 말하면 기회인 것이다. 남들이 기피하는 일, 힘겨운 부서에서 당신이 어떻게 일하는지를 조직은 유심히 관찰한다. 그러기에 그것을 반전의 터닝 포인트로 삼아야 한다. 멋지게 일어서야 한다. 그런 사람만이 훗날을 기약할 수 있다. 쉬운 일만 할 줄 아는 사람은 인재가 아니다. 진정한 인재는 힘겨운 일, 불행한 사태를 극복해낼 수 있는 사람이다. 그가 멀티어다. 그런 정신 자세가 바로 멀티어십이다.

인사를 어떻게 받아들이냐에 따라 인사가 '만사萬事'가 될 수도 있고 '망사亡事'가 될 수도 있다. 인사의 깊은 뜻을 헤아리자. 인사라는 이름의 평가를 냉정히 받아들이는 자세가 필요하다.

인사는 자기가 한다

조직은 당신이 그 일을 감당할 수 있겠기에 맡긴다. 인사人事라는 이름으로 말이다. 아니면 한 번쯤 당신을 테스트하려고 할지도 모른다. 또는 마지막 기회를 주려는 것일 수도 있다. 어떤 경우든 결론은 당신에게 달려 있다. 시험 대상에 걸렸다고 봐야 한다. 아니면 기사회생의 마지막 기회로 삼든가.

인사는 그 단어의 의미가 오묘하다. '人事'라고 표기한다. '사람을 대상으로 하는 일'이라는 뜻도 된다. 한편으로는 '사람이 하는 일'이라는 의미도 된다. 그렇다. 인사는 사람이 하는 일이다. 그러기 때문에 기계적이지 않다. 때로는 불공평하거나 불합리한 면도 없지 않다.

그래서 인사를 하고 나면 불평불만이 있게 마련이다. 모든 조건을 꼼꼼히 따져서 가장 합리적으로 했다 하더라도 인사에서 불이익을 당한 사람은 있게 마련이다. 그러면 뭔가 인위적 꼼수가 작용했다고 의심하게 된다.

그러나 분명히 말할 수 있는 것은 인사란 불합리한 것 같으면서도 대단히 합리적이라는 것이다. 나는 농협중앙회에 근무할 때 인사담당 책임자(상무)를 해봤다. 그전에는 나도 인사에 불만이 없지 않았다. "무슨 놈의 인사를 그 따위로 하냐"고 투덜거린 적도 있다. "백 없고 줄 없는 놈은 별 수 없다"고 불만을 토로한 적도 있다. 그런데 직접 인사 작업을 하면서 세상이 그렇게 막돼먹은 것이 아니라는 사실을 알게 됐다.

아무리 사람이 하는 '인사'라고 하지만 될 사람이 되고 탈락할 사람이 탈락하는 것이 인사다. 물론 인사 작업을 하다 보면 '특별한 사정'이 반영되는 경우가 있다. 자리는 제한되고 사람은 많다. 그러다 보니 커트라인에 몰려 있는 대상자들 간에 우열을 가리기 힘들어 당사자로서는 억울한 생각이 드는 경우도 없지 않을 것이다. 때로는 회사의 형편과 전략상 엉뚱한(?) 인사를 할 때도 있다. 그러기에 '人事'다. 그런 인사의 속성을 인정하고 보면 인사는 대단히 합리적으로 이뤄진다 . 단언할 수 있다.

분명한 것은 인사 조치는 인사권자가 하지만 인사는 결국 인사 대상자 본인이 한다는 사실이다. 인사를 내가 한다고? 그렇다. 인사는 당신이 하는 것이다. 흔히 인사는 인사권자의 고유 권한으로 생각한다. 그런데 인사를 해본 사람으로서 분명히 말하건대 인사는 자기가 한다. 단지 인사권자는 당사자가 평소에 쌓아올린 실적과 인품을 기초로 해 다른 대상자와 비교하는 상대적 평가를 할 뿐이다. 이치가 그러하기에 인사 결과에 대해 항의하거나 불평불만을 말하는 사람은 어처구니없는 사람이다. 뭘 모르는 사람이다.

자기 딴에는 분명히 승진할 사람인데 왜 탈락시켰냐고 할 것이다. 하지만 인사권자의 시각에서 보면 탈락시킬 수밖에 없는 분명한 이유가 있어서 그렇게 하는 것이다. 다만 그 이유를 까발려서 말해주지 못하는 것뿐이다. 따라서 인사에 불만이 있을 때는 인사권자를 탓할 것이 아니라 자기 자신을 탓해야 한다. 그리고 그보다 더 중요한 것이 있다. 다음번에는 제대로 대접받을 수 있도록 자기 자신을 더욱더 갈고 다듬는 일이다.

멀티어십과 유연성
열린 마음으로 새로운 것을 받아들여라

멀티하려면 유연해야 한다

요즘은 정신이 없을 정도로 변화무쌍하다. 어느 미래학자의 말에 의하면 인류가 생산한 지식의 총계가 1900년에서 1950년까지, 즉 50년 동안에 두 배로 증가했다고 한다. 그러나 그 후에는 10년에 두 배씩 증가하다가 5년 만에 두 배가 된다. 2020년에는 73일마다 그런 현상이 일어날 것이라고 한다(어떤 학자는 2020년이 아니라 이미 70여 일에 두 배씩 증가한다고 한다). 또 2050년에는 현재의 지식 중 1퍼센트만이 이용 가치가 있으리라고 한다. 학교 졸업장도 1년 6개월이 지나면 효용 가치가 거의 없어진다고 한다.

그런 시대에 살면서 인재로서 위치를 여전히 확보하려면 유연성이라는 역량이 필수다. 지금 알고 있는 것에 집착하지 말고 줄기차게 새로운 것을 받아들여야 한다는 말이다. 열린 마음으로 유연하지 않으면 설 자리가 없어진다.

인문학과 자연과학이 융복합돼야 한다는 통섭의 개념 자체가 유연성을 전제로 한다. 인문학은 인문학이요 자연과학은 자연과학이라는 식으로 경계를 두고 울타리를 치면 통섭이란 있을 수가 없으니까. 또한 '나는 인문학도이기에 인문학만 잘하면 된다'든가, 반대로 '이공계인 내가 뭣 때문에 인문학 실력까지 연마해야 하나'라고 생각한다면 이미 통섭형 인재의 반열에 들 자격이 없다.

다르게 생각해야 남다른 사람이 된다

통섭하려면 유연해야 한다. 다른 것을 인정하고 스스로 다르게 생각할 수 있어야 한다. '다르게 생각하라'면 얼른 떠오르는 것이 있을 것이다. 스티브 잡스와 그의 유명한 어록인 'Think Different'가 그것이다. 일찍이 스티브 잡스는 'Think Different'를 외쳤다. 애플의 광고 카피가 된 이 문구는 'Think'보다는 'Different'가 핵심이다. 즉 '다르게' 하라는 말이다. 그래야 경쟁에서 이길 수 있다는 것이다.

20세기까지는 열심히 노력하는 사람이 성공했다. 그러나 21세기 지식기반 정보화 사회에서는 노력만 해서는 안 된다. 남과 다르게 하는 사람이 성공할 수 있다. 세기의 천재, 통섭형 인재였던 스티브 잡스는 남과 다르게 하면서 애플 왕국을 융성시켰다. 우리는 최근의 애플을 보면서 다르게 생각하고 다르게 행동할 수 있는 한 사람의 힘이 얼마나 큰지 실감하게 된다. 그가 세상을 떠난 후 여러 면에서 삼성에 역전되는 현상을 보고 있지 않은가.

'다르게 생각하라'는 것은 고정관념을 뛰어넘으라는 것이다. '어쩌면 내 생각이 틀릴 수도 있다'는 전제하에 여러 방면으로 사고의 폭을 넓히는 것이다. 다르게 생각하고 유연하게 생각하면 전혀 다른 세계가 펼쳐질 수 있다.

뛰어난 인재들은 하나같이 유연한 발상에 뛰어난 사람들이다. 그렇다고 해서 유연한 발상, 다르게 생각하는 것이 어려운 일은 아니다. 아주 쉽다. 그럼에도 그것이 잘 안 되는 이유는 외곬의 생각에 잡혀 있기 때문이다. 신념이라는 이름으로 고집을 피우기 때문이다. 자기 스스로 '생각의 감옥'에 갇혀 있기 때문이다.

우리나라에서 인기가 많은 『개미』의 작가 베르나르 베르베르가 두뇌 경연 대회에서 이런 질문을 받았다.

"루브르 박물관에 불이 나서 딱 하나의 그림만 가져갈 수 있다면 무엇을 선택하겠는가?"

대답을 듣기 전에 당신이라면 어떻게 할 것인지 생각해보자. 대답을 머리에 떠올려보라. 최고의 걸작 레오나르도 다빈치의 「모나리자」를 가져가겠다고? 그렇게 생각했다면 그것이 고정관념이다. 우승을 거머쥔 베르베르의 대답은 이랬다.

"출입구에서 가장 가까이 있는 그림이요."

잘 음미해보라. 상식의 허를 찌른 유연한 발상에서 나온 대답 아닌가? 다르게 생각하면 다른 생각이 나온다. 침체에 빠진 회사를 살리려면 지금까지 해왔던 방식으로는 안 된다. 다르게 생각하고 다르게 행동해야 한다. 이건 상식이다. 당연하다. 그럼에도 사람들은 기존의 방식을 차마 깨지 못한다. 지금까지 해왔던 사고의 범위에서 뱅뱅 돈다. 그러니 다른 방법이 나올 리 없다.

어쩌다 다른 발상을 한 사람이 좋은 아이디어를 내놓으면 뭐라고 하는가? "이렇게 한다고 되는 게 아냐." "예전에 다 생각해본 거야." 그렇게 거부한다. 때로는 기분 나쁘게 생각한다. 자신의 권위에 도전하는 것으로 받아들이는 사람도 있다. 다른 사람의 생각을 받아들일 만큼 유연하지 못하고 마음이 닫혀 있기 때문이다.

유연한 발상으로 다르게 생각한다고 해서 '생각지도 못했던 생각'을 내놓으라는 것이 아니다. 약간 다르게 생각하고 약간 다르게 발상을 바꿀 뿐이다. 세상에 새로운 생각이 얼마나 될까? 오십보백보다. 그러나 그 작은 차이, 작은 유연성, 작은 역발상이 조직을 살린다. 세상을 바꾼다. 개인의 운명을 바꾼다. 인재와 범재의 차이도 실상은 별 것이 아니다.

예를 들어보자. 너무나 잘 알려져 있는 일본 홋카이도의 아사히야마 동물원. 1990년대 중반에 연간 관람객 수가 26만 명까지 줄어들어 폐원 위기에 몰렸다. 26만 명 정도면 많은 것 같다. 하지만 하루 평균으로 계산하면 700여 명의 관람객이다. 이런 상황이라면 당연히 적자다. 문을 닫을 수밖에 없다. 그러나 10년이 지난 2007년에는 관람객 수가 370만 명이었다. 열두 배나 증가했다. 일본 최대 규모인 도

쿄 우에노 동물원의 관람객 수를 넘어서는 기적을 일궜다.

누가 어떻게 그런 기적을 만들었는가. 바로 사육사 출신 원장 고스케 마사오(2009년에 정년퇴직했다)가 주인공이다. 원장으로 부임하면서 유연한 발상과 '다르게 생각하기'로 그 같은 결과를 몰고 왔다.

유연한 발상과 다르게 생각하기란 돌아보면 참 간단한 것이다. 그 이전에는 동물을 우리에 넣어두고 그 모습과 행태를 관람객들이 구경하는 '행태 전시'였다. 그러나 고스케 마사오 원장은 발상을 바꿨다. 동물들이 자유롭게 행동하는 것을 전시하는 '행동 전시'로 바꾼 것이다. 그럼으로써 관람객들의 호기심을 충족시켰다. 그것이 대박을 터뜨렸다. 고스케 마사오, 그이야말로 멀티어다.

그 이전에도 여러 사람의 원장이 일했을 것이다. 고스케 마사오보다 훨씬 더 화려한 경력의 소유자도 있었을 것이다. 인문학과 자연과학에 두루 박식한 지식인도 있었을 것이다. 그러나 통섭의 지식인이라고 해서 성과와 연결되는 것은 아니다. 자고로 '꿩 잡는 것이 매'다. 아무리 위엄 있는 자태로 멋지게 하늘을 날아도 사냥을 하지 못하는 매라면 아무런 쓸모가 없다.

인문학과 자연과학에 두루 통하는 통섭을 권유하는 이유도 따지고 보면 폭넓은 지식을 통해 유연하게 생각하고 다르게 생각할 가능성이 그만큼 클 것임을 믿기 때문이다. 제아무리 지식이 해박하면 뭐하는가. 오히려 안하무인의 교만과 굳은 의식을 더욱 공고히 하는 역할에 머문다면 그것은 해악이다. 차라리 무식한 것만도 못하다. 무식하면 남의 의견을 받아들일 줄은 아니까.

역발상이 역량 있는 발상이다

유연한 생각으로 회사나 조직을 살린 사례는 아주 많다. 우리가 익히 알고 있는 혁신 성공 사례의 대부분이 그렇다. 아사히야마 동물원의 사례를 연구하다 보면 여러 가지 교훈을 얻게 된다. 한 사람의 힘이 매우 위대하다는 것. 끈질기게 도전하면 된다는 것. 그리고 또 하나는 '역발상의 힘'이다.

역발상이라면 요즘 우리 주위에서 벌어진 흥미 있는 사례가 있다. 원로 방송인 송해의 은행 광고 모델 발탁이 그것이다.

어느 날 갑자기 방송인 송해가 등장하는 기업은행 광고를 접했을 때, 많은 사람이 의아하게 생각했을 것이다. 나이 많은 이가 등장하는 광고라면 으레 은퇴자와 관련된 보험 광고이거나 사망 이후를 대비하는 상조 광고가 대세이기 때문이다. 그런데 은행에서 고령자를 등장시켜? 나도 처음 그 광고를 봤을 때 '촌스럽다'고 생각했다. 과연 성공할 것인지 궁금했다.

경쟁 은행들은 이승기, 하지원, 장동건 씨 같은 젊고 잘생기고 예쁘고 에너지 넘치는 인기 모델을 내세운다. 그런데 왜 하필이면 85세 고령의 송해인가 말이다. 알려지기로는 기업은행 내부에서도 처음에 회의적 의견이 많았다고 한다. 조준희 행장이 "광고회사에 다니는 딸이 광고계에 오점을 남기는 일이라고 평가하더라"고 언급한 것을 보면 애당초 정상적 접근법은 아니었다. 딱딱하게 굳은 머리로 생각하면 그렇다.

그러나 결과는 어땠는가? 한마디로 대박이다. 기업은행이 '기업만

거래하는 은행이 아니라는 것을 확실히 각인시켰다. 뿐만 아니라 예금도 크게 늘어났다. 기업은행의 인지도도 훨씬 높아졌다. 나는 TV 광고를 매우 유심히 보는 편이다. 그런데도 어떤 은행이 어떤 모델을 내세워 광고하는지 기억나는 것이 별로 없다. 그러나 기업은행과 송해 씨는 기억한다. 우리 국민 대다수가 그럴 것이다. 광고 효과를 톡톡히 본 기업은행에서는 내친김에 아역 배우까지 등장시켜 '송해 광고 2탄'을 쏘아 올렸다. 2013년 새해에는 3탄을 선보였다.

맞다! 이것이 유연성이다. 역발상이다. 우리는 기업은행의 사례에서 유연함과 발상 전환을 배울 수 있다. 허를 찌르는 역발상의 교훈이다. 덧붙여 한 가지 더 얻을 교훈이 있다. 무엇보다 리더의 유연함이 중요하다는 점이다. 기업은행은 그런 역발상이 행장으로부터 나왔다고 한다. 그러니까 실행에 별다른 문제가 없었다. 결정권자가 아이디어를 냈으니까. 그러나 만약 다른 회사에서 평사원이 그런 역발상을 했다면 어떤 일이 벌어졌을까? 자기네 회사의 광고 모델로 송해를 쓰자고 했다면 어떤 반응이 나왔을까? 아마도 빛을 보지 못했을지 모른다.

아무리 조직원이 유연한 발상, 다르게 생각하기, 역발상을 한다 하더라도 그것을 채택할 권한을 가진 사람이 딱딱하게 굳은 머리를 가지고 있다면 그것으로 끝이다. 결정권이 있는 리더가 '택도 없는 소리' '세상 물정을 모르는 발상'이라고 묵살한다면 유연한 역발상이 빛을 볼 수 없다.

혹시 내가 굳은 머리의 당사자가 아닌지, 또는 당신네 회사의 리더

중에 그런 사람이 있어서 기막힌 아이디어가 그런 식으로 사장되는 분위기는 아닌지 돌아봐야 할 것이다. 유연함이야말로 역발상과 창의성의 터전이 되고 멀티어십의 원천이 된다.

유연한 전문성을 갖춰라

역설적이지만 굳은 머리, 딱딱한 발상은 많이 배웠다는 사람 또는 전문가라는 사람들이 저지르는 경우가 많다. '나 말고 감히 누가?'라는 유아독존의 교만함 때문이다. 한 우물을 깊이 파다 보니 스스로 그 우물 속에 함몰되는 것이다.

앞에서 '전문성'에 대해 깊이 있게 다뤘다. 그런데 그 전문성이 유연성과 연결되지 못하면 더 이상 확장성을 발휘하지 못한다. 그리해 시간이 흐를수록 그 전문성이라는 것이 아무짝에도 쓸모없는 편협한 능력에 머물고 만다.

탁월한 전문가, 계속해서 전문가로서 위치를 확보하려면 전문성의 벽을 허물어버려야 한다. 그래야 멀티어가 될 수 있다. 벽을 허물라는 것은 다방면에 모두 능통한 전문가가 되라는 것이 아니다. 전문 분야는 하나면 족하다. 벽을 허물라고 하는 것은 '전문'이라는 견고한 성에 갇히지 말라는 것이다. 바깥세상과 소통하라는 것이다. 자기만의 성에 들어앉아 '전문가입네' 하는 순간, 이미 별 볼일 없는 전문가가 되는 것이다.

지금은 LTE 시대다. 세상의 흐름이 눈부실 정도로 빠르다. 어느 통신회사의 광고에도 나오지 않던가. '빠름 빠름 빠름'이라고. 앞에서 말한 대로 70여 일마다 지식의 양이 두 배씩 늘어나고 박사학위도 3~5년이면 실질적 효용이 없게 된다는 세상이다. 이렇듯 정보나 지식의 순환과 변화가 정신을 못 차릴 정도로 빠르다. 이런 상황에서 누가 특정한 전문 영역을 가지고 있다고 해서 독야청청할 수 없다. 독점적 지위를 오랫동안 누릴 수 없다. 새로운 지식이나 기능이 순식간에 진부해진다. 구식이 된다. 그것도 심오한 학문적 지식이나 기능이 아니라 직장생활에서 필요로 하는 정도의 지식과 기능이라면 말할 것도 없다.

다른 세계와 폭넓게 교류하라

세상의 변화와 이치가 이럼에도 소위 전문가라는 이들 중에는 자기만이 제일인 양 착각하는 사람이 많다. 직장생활을 오랫동안 한 것이 전문가로서 능력과 권위를 보증하는 것으로 잘못 생각한다. 그래서 남들과 소통하지 않는다. 사람들과 어울려 술도 마시고 운동도 함께 하지만 전문 분야에서는 담을 쌓고 교류하지 않는다는 말이다. 그럼으로써 점점 더 높은 벽을 쌓는다. 세상의 변화와 괴리되고 만다.

설령 교류를 하더라도 극히 제한적인 전문가끼리만 한다. 또는 같은 전문 분야 사람들끼리만 한다. 다른 분야의 사람들과 폭넓게 교류하지 않는다. 인터넷의 발달에도 불구하고 말이다.

이에 대해 미국 매사추세츠 공과대학MIT의 마셜 벤 알스타인 교수

등이 흥미 있는 연구 결과를 발표했다. 과학 잡지 『사이언스』에 게재한 논문이다. 인터넷이 보편화되면서 같은 분야의 전문가끼리만 이메일 등을 통해 의견을 교환하는 경우가 많아지고 그럼으로써 주변 사람과 폭넓은 접촉을 통해 새로운 발상을 떠올릴 기회를 잃게 된다고 했다. 즉 인터넷이 지리적·공간적 벽은 허물었지만 높은 전문성의 벽을 새로 형성하게 하는 악영향을 주고 있다는 주장이다. 그리해 자기와 다른 분야의 전문가들과 소통하는 기회가 줄어든다. 결과적으로 우물 안 개구리가 되고 만다는 것이다.

특히 이·과학계의 '이너 서클화'는 새로운 발상을 통한 과학의 도약을 결정적으로 저해할 우려조차 있다는 것이다. 알스타인 교수 등은 경제학의 중요한 방정식이 물리학의 열역학에서 힌트를 얻어 온 것처럼 "과학의 역사는 언제나 주변 학문으로부터 발전의 계기를 찾아왔다"고 지적한다. 그리고 "따라서 인터넷 시대에는 자기 전문 분야에만 몰입해서는 안 되며 정보의 바닷속으로 폭넓은 관심을 갖고 다양한 화제를 찾아 나서야 한다"고 주장했다.

강조하지만 전문가일수록 폭넓게 다른 세계와 소통해야 한다. 생각해보라. 오늘날의 세상은 변화무쌍한 것과 더불어 상상을 초월할 정도로 복잡하다. 인터넷 시대가 되고 통신이 발달하면서 더욱 복잡해졌다. 인터넷과 통신이 발달했으면 세상이 편해져야 하는데 오히려 더 복잡해진 것이다. 이렇게 세상이 복잡해지면 파생하는 문제 또한 복잡하다. 그 복잡하게 얽히고설킨 문제들을 효과적으로 해결하려면 어떤 사람이 필요하겠는가. 한 분야만 깊이 파헤친 전문가가 아니라 여러 분야를 넘나들 수 있는 '다분야 전문가' '폭넓은 전문가'가 필요하다.

예컨대 예전에는 의학 전문지식을 동원해 질병을 치료했다. 하지만 이제는 연극, 음악, 미술 등 예술 영역까지 결합해 질병을 치료한다. 그러기에 단순히 의학만 전공해서는 탁월한 의사가 되기 힘들다. 가능하다면 연극, 음악, 미술까지도 어느 정도 꿰뚫고 있어야 한다. 멀티 전문가, 멀티 의사가 돼야 한다. 그래야 '명의'의 반열에 오를 수 있다.

멀티 전문가가 되려면 교류해야 한다. 교류하려면 유연해야 한다. 한 사람의 능력에는 당연히 한계가 있다. 그러기에 주위의 도움을 받아야 한다. 네트워크를 갖춰야 한다. 그러려면 소통해야 한다. '전문가의 실력 = 전문지식 × 커뮤니케이션 능력'이라고 한다. 전문가의 실력에는 커뮤니케이션(소통)이 필수인데 덧셈(+)의 관계가 아니라 곱셈(×)의 수식이라는 것이다.

깊은 의미가 있다. 전문가로서 지식이 제아무리 세계적 수준이라하더라도 소통 능력이 0점이면 '곱셈 법칙'에 따라 전문가적 역량이나 실력도 0점이라는 것이다. 그 정도로 전문가에게 폭넓은 교류, 다양한 채널과의 소통이 절대적이라는 말이다.

훌륭한 전문가로서 소통에 능하려면 자신이 주장하고자 하는 만큼 타인의 의견을 받아들일 줄 알아야 한다. 그러려면 유연하게 마음이 열려 있어야 한다. 가끔 전문가라고 이름난 사람 중에 뻔히 그 주장이 잘못된 것임을 알면서도 악다구니 쓰면서 억지 논리로 변명의 늪에 빠지는 사람을 볼 수 있다. 주장만 펴고 귀와 마음은 완전히 닫아놓은 사람이다. 한마디로 편협하기 그지없는 고집쟁이다. 그런 자세로는 이제 제대로 된 전문가 대접을 받을 수 없다. 통섭 시대의 인재가 될 수 없다.

주장을 펴는 것만큼 다른 사람의 의견과 대안에도 진지하게 반응하고 설득당할 수 있는 마음 자세를 갖춰야 한다. 남의 의견을 받아들이고 설득당할 수 있다는 것은 타인의 지식과 능력을 자기 것으로 만들 수 있다는 것을 의미한다. 소통이 많아지면 많아질수록 전문가로서 역량도 커지고 발전하게 되는 것이다.

벽을 허물고 유연하게 소통하라

시대마다 회자되는 특별한 용어가 있다. 시대상을 반영하는 일종의 유행어가 있다는 말이다. 한때는 '하면 된다'가 떠올랐다. 한때는 '혁신'이 부상했다. 한때는 '웰빙'이 유행어였다. 요새 유행하는 용어를 꼽으라면 단연 '힐링'과 '소통'일 것이다.

특히 요즘은 너 나 할 것 없이 '소통'을 말한다. 물론 예전에도 그 단어가 없던 것은 아니다. 그러나 소통이라는 단어보다는 '커뮤니케이션'이나 '대화'라는 용어를 더 많이 썼다. 그러더니 어느 때부터인가 느닷없이 '소통'이 등장했다.

아마도 발원지는 정치권인 것 같다. 툭하면 정부와 국민 간에 소통이 잘 안 된다며 슬슬 '소통' 바람이 불었다. 그러다가 2008년 광우병 촛불시위가 있은 후 소통 문제가 사회적·정치적으로 큰 이슈가 됐다. 당장 오늘 TV를 유심히 보라. 사회적·정치적 과제를 다루는 대담 프로그램에 단골로 등장하는 용어가 바로 '소통'이다. 무엇이든 문제가 발생하고 그것이 잘 안 풀리면 '소통'에서 원인을 찾는다.

정치권만이 아니다. 사회 전반으로 '소통'이 광범위하게 확산되고 있다. 서점에 가보면 소통에 대한 책들이 여럿 나와 있다. 기업에서는 '소통 리더십' '소통 마케팅'이라는 신조어까지 등장시키며 심도 있게 다룬다. 심지어 학교와 가정에서도 소통 바람이 분다.

이렇게 소통이 시대적 화두가 되자 그에 대한 해석과 처방도 다양하다. 어떤 정치인은 국민을 하늘처럼 떠받들어 모시며 '머슴'의 자세를 보이는 것이 소통의 핵심이라 규정한다. 그것을 실천하기 위해 90도가 넘게 허리를 굽혀 인사를 해서 화제가 되기도 했다. 어떤 사람은 소통을 '잘 들어주는 것'이라 해석했다. 어떤 사람은 나눔과 베풂이라고 정의한다. 심지어 상대의 발을 씻어주며 그것이 소통의 첫 걸음이라고 말하는 웃지 못할 풍경도 벌어진다. 그러나 소통을 사전에서 찾아보면 평범하고 단순하다. 1. 막히지 아니하고 잘 통하는 것이며 2. 뜻이 서로 통해 오해가 없는 것을 말한다.

소통의 참된 가치는 '받아들이는 것'에 있다. 그냥 잘 들어주는 것에 그치지 않고 상대방의 의견을 이해하고 받아들이는 것이 중요하다는 말이다. 흔히 똑똑하다거나 인재라는 평판을 듣는 사람들이 바로 그 점에서 취약하다. 귀로는 말을 듣는데 마음으로 받아들이지 않는다. 남의 이야기를 받아들이려 하기보다 자기 주장을 남에게 전달하려고 애쓴다. 설득당하기보다 설득하려고 한다. 자기에 대한 자신감이 지나치게 강하기 때문이다. 그래서 '옹고집'이라는 말을 듣게 된다. 스스로 자신만의 성에 갇히는 꼴이 되고 만다.

특히 리더가 될수록 울타리를 과감히 떨쳐버리고 적극적으로 소통해야 한다. 자칫하면 부하에게 '당신이 뭘 알아' '내가 다 해봐서 안다'는 고정관념으로 벽을 쌓는다. 소통 부재를 낳는다. 그렇게 되면 아랫사람을 로봇화하고 자신은 독불장군이 되는 결과를 초래한다.

통섭하려면 유연해야 한다. 유연하려면 소통해야 한다. 아니, 소통하려면 유연해야 한다. 결국 통섭은 소통이요 유연함이다. 입장을 바꿔 생각하며 남의 의견을 경청하고 받아들이는 넓은 마음을 유지해야 한다. 스스로 자기 성벽을 허물어뜨리고 바깥세상과 교류해야 한다. 당연한 것 같다. 하지만 한편으로는 대단한 용기가 필요하다.

열린 마음으로 '차력'하라

다음으로 강조하고 싶은 것은 혼자 힘으로 하지 말고 '차력'하라는 것이다.

차력? 차력이라면 어떤 장면이 떠오르는가. 알통이 울퉁불퉁한 사나이가 밧줄을 입에 물고 안간힘을 쓰며 커다란 화물차를 끌고 가는 모습이 상상되는가? 맞다. 바로 그 차력이다. 그런데 그같이 힘쓰는 일을 왜 '차력'이라고 했을까. 차력을 한자로 표기하면 '借力'이다. '빌릴 차借' '힘 력力'이다. '힘을 빌린다'는 의미다. 다시 말해 자기 혼자의 힘으로 그 무거운 화물차를 끌어당기는 것이 아니다. 어디선가 (신령의 힘이든, 기氣의 힘이든) 힘을 빌림으로써 괴력을 발휘하게 된다. 자기 혼자 힘으로는 결코 놀라운 힘이 나올 수 없다는 말이다.

마찬가지로 언제 어디서 어떤 일을 하든 제대로 잘해내려면 때로는 남의 힘을 빌릴 줄 아는 지혜가 필요하다. 아니, 적극적으로 남의 힘을 빌리려는 유연한 자세, 열린 마음이 필요하다. 사람의 능력이 아무리 뛰어나더라도 혼자서 할 수 있는 일이 있고 그렇지 않은 일이 있다. 또 혼자서 할 수 있는 일에는 한계가 있기 마련이다. 둘이 힘을 모으면 당연히 둘 만큼의 능력을 발휘할 수 있다. 그러기에 나는 여러분에게 '차력'을 권한다. 힘을 빌리라는 말이다. 그것이 현명한 멀티어의 자세다.

차력도 능력이다

속된 표현으로 '손도 대지 않고 코 풀기'라는 말이 있다. 자기는 별다른 노력을 하지 않고 어떤 일을 도모할 때 쓰는 말이다. 대개 좋지 않은 의미로 사용한다. 자기는 무위도식하면서 이익을 보는 것을 빗대어 하는 말이다.

그러나 나는 이 말에도 긍정의 의미가 있다고 본다. 손을 대지 않고 코를 풀 수 있다면 좋은 일 아닌가? 그것도 능력이다. 다시 말해 아무런 노력도 하지 않고 이익만 챙기라는 의미가 아니다. 힘을 크게 들이지 않고도 목적을 달성할 수 있다면 그렇게 하라는 이야기다. 즉 차력할 수 있다면 그렇게 하는 것도 확실히 능력이다.

차력하려면 당연히 당신을 도와주는 사람이 있어야 한다. 우리는 그것을 인맥이라고 한다. 멀티어가 되려면 인맥에 관심을 가져야 한다. 좋은 인맥을 갖추면 분명히 그만큼 더 큰 일을 할 수 있기 때문이다.

사람들은 '인맥' 운운하면 좋지 않은 시선으로 보기도 한다. 마치 자기의 목적 달성을 위해 타인을 이용하려는 불순한 의도가 깔린 것으로 생각한다. 그러나 정말로 의도가 불순한 것이 아닌 한 인간관계를 좋게 하고 인맥을 형성하는 일은 좋은 일이다. 결코 삐딱한 시선으로 볼 것이 아니다. 멀티어십을 발휘하려면 적극적으로 타인의 힘을 빌리고 도움을 받아야 한다. 차력해야 한다. 우리가 '소통'을 강조하는 것도 결국은 타인과 네크워크를 강화해 차력하기 위함이다.

많은 직장인이 자기계발에 열을 올린다. 직장인 최대의 관심사는 자기계발이라는 조사 결과도 있다. 그런데 자기계발이라면 사람들은 책을 많이 읽거나 공부를 하는 것, 자격증을 따고 어학 능력을 키우는 것 등을 떠올린다. 물론 그런 것들이 자기계발의 주류임을 부인하지 않는다. 그러나 나는 자기계발의 매우 중요한 영역으로 '인간자원 계발'을 권한다. 인간자원 계발? 아마도 '인간자원 개발'이라는 말은 많이 들었어도 '인간자원 계발'은 좀 생소할 것이다.

잘 아는 대로 인간자원 개발human resource development은 과업을 달성하기 위해 조직 내의 인적자원을 업그레이드시키는 것을 말한다. 반면 내가 말하는 '인간자원 계발'이란 자기계발의 한 영역이다. 당신 주위의 여러 사람을 잘 발굴해 당신의 우군이 되도록 하라는 말이다. 주위 사람들을 일종의 자원, 즉 인간자원으로 보고 그들과 관계의 폭을 넓히고 인맥의 질을 높이라는 의미에서 하는 말이다. 그렇게 인간자원을 계발해 주위에 사람을 모으고 그들이 당신의 우군이 되게 하려면 유연함과 열린 마음은 필수다.

'역지사지'와 공감 능력

잘 소통해 좋은 인맥의 도움을 받으려면 어떻게 하면 될까. 그 방법은 무궁무진할 것이다. 소통에 관한 책이나 인맥·인간관계에 관한 책만 뒤져도 수십·수백 권에 이를 것이다.

얼마 전 출장을 가다가 열차 안에서 읽은 신문에서도 소통을 강조하는 기사를 발견할 수 있었다. 이런 내용이 실려 있었다. GWP코리아가 주관해 '2012 대한민국 일하기 좋은 100대 기업'을 뽑았다. 그런데 그 최고상인 '글로벌 GPTW 대상'에 KT가 선정됐다는 것이다. KT 표현명 사장이 대상을 받게 된 이유를 설명하면서 '이청득심以聽得心'이라는 사자성어를 사용했다.[44] 그것이 특별히 마음에 와 닿았다. 이청득심, '귀를 기울여 경청함으로써 사람의 마음을 얻는 자세로 구성원들과 신뢰를 쌓았기 때문에' 좋은 결과가 나왔다는 것이다. 그러니까 '이청득심'은 소통을 말하는 사자성어였다.

이청득심! 나는 그 사자성어를 입속에서 계속 곱씹어봤다. 그러다가 정말 우리 직장인이 가장 마음속에 담아둬야 할 사자성어가 무엇인지 찾아봤다. 이 책을 집필하던 중이라 멀티어십과 관련된 사자성어 하나를 골라보고 싶었던 것이다. 물론 사람마다 떠오르는 말이다를 것이다. 나는 '역지사지易地思之'를 선택했다.

역지사지라면 너무 흔하게 듣는 말이라 진부하고 싱겁게 느껴질지 모르겠다. 생경한 단어를 제시해야 유식해 보이고 무게감이 느껴질지 모른다. 하지만 '용어'란 원래 가장 많이 쓰이는 것에 일종의 '진리성'이 있다. 금은보화는 희소성이 가치의 척도다. 하지만 말이란 많이 쓰이는 것일수록 오히려 가치가 있다. 그런 점에서도 '역지사지'만큼 두루 활용될 좋은 용어가 별로 없다고 생각한다.

역지사지는 말 그대로 처지를 바꿔서 생각하는 것이다. 상대방의 입장에서 생각하는 것이다. 이 사자성어는 『맹자孟子』 「이루離婁」에 나오는 '역지즉개연易地則皆然'에서 유래한 것이다. 언제나 남을 먼저 생각했던 중국의 전설적 성인 하우夏禹와 후직后稷, 그리고 공자의 제자 안회顔回의 생활 방식을 맹자가 칭찬하며 사람들에게 본받도록 한 데서 비롯됐다고 한다. 그런데 역지사지는 단순한 사자성어에 그치지 않는다. 깊은 의미가 있다. 세상살이의 원리를 관통하는 진리성이 있다.

역지사지하는 것은 대단히 중요한 능력이다. 이름 하여 '역지사지 능력'이다. 전문적 용어로 말을 바꾸면 '공감 능력'이 된다. 일찍이 다니엘 핑크는 『새로운 미래가 온다』에서 미래 인재의 여섯 가지 조건 중 하나로 '공감 능력'을 꼽았다. 즉 역지사지 능력이 인재의 조건이라는 말이다. 그만큼 중요하다는 의미가 된다.

"공감이란 자신을 다른 사람의 처지에 놓고 생각하며 그 사람의 느낌을 직관적으로 이해하는 능력을 말한다. 이는 다른 사람의 입장에 서서, 그 사람의 눈으로 보고, 그 사람의 감정을 느끼는 능력이다. 공감은 내가 다른 사람이 되었을 때 어떤 감정을 느낄지 생각해보는 것이다. 이는 대담한 상상이며 일종의 가상현실로서, 다른 사람의 시선으로 세상을 경험하기 위해 그 사람의 마음을 타고 오르는 아찔한 행위다."[45]

공감 능력, 즉 역지사지 능력을 인재의 조건으로 꼽은 다니엘 핑크의 탁견에 박수를 보낸다. 곰곰이 생각해보라. 어쩌면 이것이 우리 직장은 물론이고 사회 전반에 걸친 여러 문제를 해결할 수 있는 가장 기본적인 원리요 능력일 수 있다. 멀티어의 자격이요 멀티어십의 조건임에 분명하다.

역지사지하면 공감하게 된다. 그러면 여러 문제가 풀릴 것이다. 정부와 국민 간 '소통 부재'만 하더라도 그렇다. 국민 입장에서 처지를 바꿔 공감하며 생생하게 상상할 수 있다면 소통 문제는 확실하게 풀릴 것이다.

동료, 상사, 부하와 맺는 관계도 마찬가지다. 자기 시각과 생각을 고집하는 것에서 벗어나 상대방 입장에서 생각하고 판단하고 처신한다면 인간관계나 리더십, 팔로어십의 모든 문제는 쉽게 풀릴 것이다. 또 고객과의 관계도 역지사지하고 공감하면 해결된다. 고객 만족이니 뭐니 하며 요란하게 떠들 필요도 없다.

그만큼 역지사지는 중요하다. 내가 상대의 입장이 되고 공감하면 상대는 당신을 이해하고 역시 공감하게 될 것이다. 그러면 관계가 확실히 달라질 것이다. 상대의 마음을 얻을 수 있다. 그럼으로써 힘을 얻게 될 것이다.

역지사지한다는 것은 생각이 유연하다는 것을 의미한다. 그러므로 당신이 멀티어십을 발휘하려면 수많은 단어 중에서 '역지사지'라는 사자성어를 가슴속에 확실히 심어둘 일이다.

멀티어십과 도전성
높은 목표를 향해 과감히 전진하라

자신의 기록을 경신하라

멀티어십은 도전하는 것이다. 도전정신이다. '도전' 하면 얼른 생각나는 사람이 있다. 영국의 역사학자 아널드 토인비다. 역사 속의 흥망을 도전과 응전으로 설명한 것은 너무나 잘 알려져 있기 때문이다.

멀티어십은 토인비가 말한 것 같은 거창한 도전이 아니다. 그렇다고 사전적 의미의 도전, 즉 정면으로 맞서 싸움을 거는 것도 아니다. 멀티어십의 도전이란 쉽게 말해 '시도하는 것'이다. 일을 '찾아 나서는 것'이다. 꿈을 꾸고 그 꿈을 향해 '전진하는 것'이다. 주어진 목표를 '달성하는 것'이다.

얼마 전 한 선배와 여행을 함께 하며 긴 대화를 나눴다. 그분이 말했다.

"회고해보니 삶에서 가장 중요한 것은 열정과 도전인 것 같다."

직장에서 정년으로 퇴직한 후에 시골로 내려가 은퇴생활을 하는 선배의 말이다. 지난날을 돌이켜보면 좀 더 열정적으로 일하고 더 많은 것에 도전해봤어야 했는데 그러지 못했다는 후회였다.

"살아보니 인생이 참으로 짧은데……."

선배의 말이 가슴에 깊이 와 닿았다. 수많은 책에서, 그리고 세계적 석학들이 열정과 도전을 이야기한다. 하지만 그날 그 선배의 말씀처럼 실감 나게 다가온 적은 없다.

사훈이 바뀌고 있다

사람을 여건과 상황에 따라 여러 부류로 나눌 수 있겠다. 나는 두 부류로 나눈다. 도전하는 사람과 그렇지 않은 사람. 직장에서 보면 지금 그 상태에서 그냥 머물려는 사람이 의외로 많다. 아니, 그 상태가 아니라 뒤로 물러서기까지 한다. 포기한다. 뒤로 숨는다. 그런 사람이 직장에서 무엇을 이룰 수 있을까? 인생에서 무엇을 성취할 수 있을까?

직장에서 인정하는 인재는 일을 피하지 않고 적극적으로 일을 찾아 나서는 사람이다. 그들의 특성을 한마디로 압축하면 바로 도전이다. 그들은 일을 두려워하지 않는다. 새로운 세계에 대한 호기심이 충만하다. 뭔가 자꾸 시도해보려는 '성깔'이 있다. 그러기에 회사가 어떤 일을 맡기든 긍정적으로 받아들인다. 피하지 않는다. 때로는 남들이 회피하거나 두려워하는 일에 적극적으로 도전하기를 좋아한다. 그리고 성취의 쾌감을 즐긴다.

회사는 도전정신이 있는 사람을 좋아한다. 움츠러들기보다 용기를 내어 무엇인가 시도하는 사람을 좋아한다. 대기업의 인사담당 부장들이 바람직한 신입사원의 제1조건으로 '도전정신'을 꼽는다는 조사 결과도 있었다. 그런 분위기는 각 기업들의 사훈에도 잘 나타난다. 예전에는 '인화' '단결'을 제일로 삼았었다. 화합형 인물을 선호했던 것이다. 그러나 오늘날 그런 정적인 인재로 치열한 경쟁을 이겨내기란 불가능하다.

1등이 아니면 살아남기 어려운 시대에 인화보다는 역시 도전이 중요하게 됐다. 그래서 최근에는 기업들의 사훈이 '도전' 또는 '열정'으로 많이 바뀌었다. 회사에서 신입사원 면접을 볼 때도 능동적이고 도전적인 사람을 뽑으려 애쓴다. 샌님 같은 사람보다 튀는 사람을 선호하는 경향이 나타난 것도 바로 그래서다.

조건과 한계를 뛰어넘어라

'뒝벌'이라는 것이 있다. 사전을 찾아보면 몸길이 14~20밀리미터의 땅벌인데 강원도 사투리로 뒝벌이라고 한다. 이 벌은 활동성이 높아서 윙윙거리며 날아다닌다. '윙윙거린다'는 의미에서 영어로는 'bumble bee'라고 한다. 항공공학자나 생물학자들에 의하면 뒝벌은 이론적으로 봤을 때 날아다닐 수가 없다고 한다. 몸통에 비해 날

개가 너무 작기 때문이다. 그러나 뒝벌은 날아다닌다. 조건이 충족돼 나는 것이 아니다. 날지 않으면 죽기 때문에 나는 것이다.

반대로 닭은 생물학적 조건이 충분히 날 수 있게 돼 있단다. 그러나 날지 못한다. 왜 그럴까? 날아야 할 이유를 찾지 못하기 때문이다. 땅에 있는 먹이만으로도 충분한데 구태여 날아다닐 까닭이 없는 것이다. 그러다 보니 나는 것을 포기하게 됐다. 결국은 날 수 있는 능력이 퇴화해버리고 말았다.

이 사례는 도전정신을 말할 때 자주 인용되는 것이다. 도전한다는 것은 한계를 뛰어넘으려는 것이다. 도전에는 조건보다 정신이 중요하다. 뒝벌은 자신의 조건과 한계를 뛰어넘어 날아다닌다. 하지만 닭은 스스로 한계를 설정하고 그 안에 갇히고 말았다.

아무쪼록 도전정신이 충만한 사람이 돼야 한다. 그것이 멀티어의 길이다. 멀티어십을 갖추는 지름길이다.

도전한다는 것은 한계를 뛰어넘는 것이라고 했다. 그러기에 그것은 자기와 하는 싸움이다. 지금에 만족하지 않고 뭔가 새로운 것을 시도해봄으로써 자기 기록을 스스로 경신하는 것이다. 힘겨움을 스스로 극복하는 것이다.

2011년 1월 18일 아침, 나는 우연히 『죽을 때 후회하는 스물다섯 가지』라는 책을 읽었다. 죽음에 맞닥뜨린 1,000여 명의 말기 환자들이 세상을 떠나기 전에 마지막으로 남긴 후회를 모은 책이다. 그 책을 보다가 문득 이런 생각을 했다.

'죽을 때 후회하는 것은 너무 늦다. 직장을 떠날 때 후회하는 것은

과연 무엇일까?'

그것을 주제로 삼아 책을 써보기로 했다. 내 특유의 호기심이 작동했다. 집필을 시작했다. 2011년 1월 29일이었다.

그런데 그때 묘한 생각이 꿈틀거렸다. 그냥 책을 쓸 것이 아니라 한 가지 기록을 남기면 어떨까 하는 것이었다. 지금까지 책을 여러 권 썼지만 이번에는 '가장 빠른 시간'에 탈고하는 기록을 세우고 싶었다. 사실 엉뚱한 생각이다. 책을 빨리 쓴다는 것은 가치 있거나 내세울 만한 일이 아니다. 자칫 졸작이 될 수 있기 때문이다.

그래도 왠지 그렇게 하고 싶었다. 목표를 정해놓고 도전하고 싶었다. 나 개인의 최고 기록을 돌파하고 싶었다. 흥미로울 것 같았다. 그렇게 목표를 정하면 좀 더 치열하게 글을 쓸 것 같았다. 그런 '방침' 하에 차례를 잡아봤다. 직장을 떠날 때 후회할 것으로 스물세 가지가 떠올랐다. 그래서 책의 구성을 23장章으로 하기로 하고 '1일 1장'의 집필 목표를 세웠다. 300쪽이 넘는 책 한 권을 23일에 완성한다? 참 무모한 도전이다.

그러나 그렇게 하고 싶었다. 누구에게 과시하고 싶어서가 아니다. 버거운 도전을 통해 내 열정과 능력을 테스트해보고 싶었다. 나이가 들어감을 부정하고 싶었다. 나 자신의 '기네스 기록'을 만들고 싶었던 것이다.

버거운 목표에 도전하는 것, 그것이 멀티어십이다

막상 '1일 1장'의 글을 쓰려니 힘들었다. 아니, 힘들다는 표현으로는 부족하다. 사투를 벌여야 했다. 옆에서 지켜보던 아내가 건강을 걱정했을 정도다. 누가 감독하는 것도 아닌데 왜 그런 고생을 하느냐고 핀잔을 했다. 나는 신들린 듯 밤과 낮을 가리지 않고 쓰고 또 썼다. 지독하게 매달렸다. 나중에는 비몽사몽간에 글을 쓰고 있는 나 자신을 발견할 정도였다. 언젠가 최인호 작가가 단편 『술꾼』을 두 시간 만에 완성했고 『타인의 방』을 하룻밤에 끝냈다는 이야기를 들은 적이 있다. 그것이 자극이 되고 용기를 줬다. '나라고 못할 게 뭐냐'는 오기를 부채질했다.

드디어 탈고했다. 2월 18일이었다. 집필을 시작한 지 21일 만에 300여 쪽의 책을 완성한 것이다. 21일 만에! 당초 목표로 삼았던 23일보다 이틀 앞당겨 완성했다(그 원고는 나중에 출판 과정에서 1장이 추가돼 '24가지'가 됐다).[46]

나는 그렇게 한계에 도전해봤다. 그 과정이 육체적으로 너무 힘들었다. 하지만 정신적으로는 오히려 보람차고 행복했다. 나 자신이 대견하기까지 했다. 자료를 뒤적이고 컴퓨터 자판을 두드리고 한 편의 글이 완성된다. 그렇게 여명의 새벽을 맞이할 때 가슴 뿌듯한 기쁨은 오로지 나만이 알 수 있는 것이다. 도전이 주는 보람과 기쁨이기도 하다. 도전해본 사람만이 느낄 수 있는 것이다.

미국의 저명한 설교자 필립스 브룩스Phillips Brooks(1835~1893)는 "능력에 맞는 일을 구할 것이 아니라 일에 맞는 능력을 구하라"고 했다. 그렇다. 당신의 능력에 맞는 일만 한다면 쉽기야 하겠지만 발전이 없다. 때로는 버거운 목표와 일을 정해놓고 그것에 당신의 능력을 맞춰

보는 것이 필요하다. 때로는 회사가 부여하는 힘겨운 목표, 버거운 목표에 쾌히 도전해보는 정신이 필요하다. 그것이 멀티어십이다.

나이의 한계도 뛰어넘어라

'도전하기'와 관련해 한 가지 더 강조할 것이 있다. '나이'라는 조건과 한계도 뛰어넘으라는 것이다. 언제 어디서 무엇을 하든 제대로 해낼 수 있는 사람이 멀티어다. 새삼스럽게 그 의미를 언급하는 이유가 있다. 나이가 들더라도 변함없이 그렇게 일할 수 있어야 함을 강조하기 위해서다.

멀티어로 인정받으려면 나이를 잊어야 한다. 아니, 나이를 잊는 것이 아니라 오히려 나잇값을 해야 한다. 그것이 정도다. 그러려면 나이 듦에 대한 확고한 기준과 생각을 가지고 일해야 한다.

우리나라는 이미 '고령화 사회(65세 이상 노인 인구가 7퍼센트 이상인 사회)'다. 빠르게 진행되는 추세로 보면 2018년에 '고령사회(노인 인구가 14퍼센트 이상인 사회)'로 될 것이다. 이쯤에서 '나이'에 대한 코페르니쿠스적 역발상이 필요하다고 본다. 나이가 듦으로써 체력적·생리적으로 후퇴하는 것은 인정한다. 그러나 그 외의 것은 결코 뒤질 것이 없다. 문제는 자신감이다. 생각과 처신에 달려 있다. 우리가 진정 두려워하고 무서워할 것은 세월의 흐름에 따른 육체의 쇠잔이 아니다. 정신의 쇠퇴, 마음의 늙음이다.

'젊게 늙는 것'에 도전해야 한다. 더 유능하게 나이 드는 것에 도전해야 한다. 그래야 멀티어요 멀티어십이다. 안 될 것이 없다.

직장인으로서 기껏 나이가 들어봐야 60세 정도다. 대학교수라 하더라도 65세면 정년이다. 그렇다면 60~65세 정도까지 작심하고 팔팔한 청춘으로 보내면 된다. 나이가 경쟁력임을 얼마든지 보여줄 수 있다. 나이 든 사원이 오히려 생산성이 더 높다는 것을 실적을 통해 실증적으로 보여줄 수 있다. 그런 목표에 도전하고 싶지 않은가? 그러면 직장에서 구박받을 이유도 없고 구조조정 운운할 때마다 눈치 볼 이유도 없다.

진정한 멀티어가 되려면 나잇값을 해야 한다. 멀티어십을 발휘하려면 나이가 갖는 단점을 극복하고 장점을 극대화해야 한다. 나이 들면서 체력이 떨어지고 기억력이 감퇴하는 것은 어쩔 수 없다. '나이는 숫자에 불과하다'지만 체력에서는 어쩔 수 없는 한계가 있다. 그러나 인간관계, 삶의 지혜, 일의 노하우에서는 젊은이를 압도하고도 남을 수 있다. 생각하기 나름이다. 행동하기 나름이다. 그것이 바로 나이의 값어치를 보여주는 것이다.

'한국 마초의 아이콘'으로 불리는 '변강쇠' 배우 이대근 씨가 참 멋진 말을 했다.

"진선미眞善美를 이기는 것은 귀貴예요. 귀할 귀. 엘리자베스 테일러(미국 여배우)가 아무리 까불어도 엘리자베스 여왕 옆에 서면 식모야, 식모. 이방자 여사도 생전에 얼마나 귀티가 나셨는지, 제아무리 예쁘다는 여배우들도 곁에 서면 단박에 초라해졌지."[47]

그렇다. 나이가 들면 생생하고 젊은 아름다움은 사그라질지 몰라도 품격 있는 귀함은 그것을 커버하고도 남을 수 있는 것이다.

이치는 그렇게 간단하다. 그런데 왜 잘 안 될까? 열정이 식어서? 열정이 식은 것이 아니라 스스로 식혀버리기 때문이다. "이 나이에 뭘!" 하며 스스로 꿈을 잃고 자포자기하기 때문이다. 나이가 들었기에 삶의 이치를 깨달은 사람답게 더 열심히 일하는 것이 나잇값이다. 그런데 마치 거드름을 피우고 선배 대접 받는 것이 나잇값을 하는 것으로 잘못 생각하기 때문이다.

젊음과 늙음의 기준은 세월에 따라 어쩔 수 없이 먹게 되는 나이가 기준이 되는 것이 아니다. 그 사람에게 꿈이 있느냐 없느냐, 의욕과 열정이 펄펄 끓느냐 식었느냐가 기준이 된다. 맥아더 장군은 "사람은 오래 살아서 늙는 것이 아니라 꿈을 잃어버릴 때 늙는다"고 했다.

고령자를 바라보는 사회적 시각과 제도도 바뀌어야 함은 물론이다. 고령자를 퇴출 대상으로 삼다 보니 열정의 불씨를 조직적으로 꺼버리는 셈이다. 멀쩡한 사람도 몇 달만 바보 취급을 해보라. 정말 바보가 된다. 마찬가지로 사회적 분위기나 직장의 방침이 조기 퇴출 운운하며 고령자를 구박하다 보니 열정의 불이 꺼지고 무능력자로 주저앉고 마는 것이다. 결국 사회적 손실이 된다.

회사도 시각을 바꿔야 한다. 선참들이 강점을 최대한 발휘할 수 있도록 제도적·조직적으로 배려하고 활용해야 한다. 그러나 그 시각을 바꾸기 위해서는 나이 든 사람들 스스로 자신감을 가져야 한다. 나이가 경쟁력이 되도록 하는 줄기찬 노력이 있어야 한다.

내가 즐겨 쓰는 말이 있다. '사오정 오륙도!' 흔히 '사오정 오륙도'는 '45세면 정년이고 56세에도 일하면 도둑'이라는 의미로 쓰인다. 그러나 내 주장은 다르다. 거꾸로 '45세부터라도 열심히 정진하면 56세부터 도가 트게 된다'는 것이다. 이름 하여 '신新 사오정 오륙도'이다. 당신도 그 '신 사오정 오륙도'에 도전하기를 권한다.

멀티어십은 나이를 잊는 것이다. 아니, 나이를 기억하고 진정한 나잇값을 하는 것이다. 정신적으로 '만년 젊은이'다운 기상을 발휘하는 것, 그것이 바로 멀티어십이다. 나이로부터 우러나오는 성숙한 멀티어십을 갖는 것, 그것이 고령화 시대를 사는 직장인의 지혜라 할 것이다.

강조하건대 중요한 것은 조건이 아니라 정신이다. 도전정신은 현상을 뛰어넘을 에너지요, 목표를 달성할 수 있는 동기가 된다. 직장인으로서 아낌을 받고 성장하려면 도전정신은 필수다. 아무쪼록 직장생활 내내 '도전'이라는 단어를 잊지 말자. 도전하는 사람만이 큰 것을 성취할 수 있다. 멀티어십은 도전정신이다. 그리고 멀티어는 도전을 즐기며 도전을 통해 새로운 길을 열어가는 사람이다.

'내가 하겠습니다' 정신

직장인들이 말하는 것을 듣다 보면 한 가지 재미있는 현상을 볼 수 있다. 회사의 일을 자기 혼자 다 하는 것처럼 말한다는 사실이다. 특히 남성들에게 그런 경향이 강하다. 회사에서 퇴근한 남편(또는 아버지)이 그날 일어난 일을 가족에게 이야기하는 것을 유심히 들어보

자. 내 지적이 맞음을 인정할 것이다. 실상을 모르는 가족은 회사에서 남편(또는 아버지)만 고생하는 것으로 생각한다. 남편이 없으면 회사가 큰일 날 것 같은 착각을 하게 된다.

왜 그렇게 말할까? 허풍을 떠는 걸까? 그것이 아니다. 본인이 실제로 그렇게 믿고 있는 것이다. 남들은 요령을 피고 농땡이를 치는 반면 자기는 엄청나게 많은 일을 하는 것으로 믿는다는 말이다. 그러기에 내심 '회사는 왜 나에게만 일을 많이 시키느냐'는 불만이 있다. 그래서 투덜거린다. "나만 일이 많다"고. "불공평하다"고.

그러나 투덜거리지 마라. 불평해서는 안 된다. 생각을 바꿔야 한다. 역발상이 필요하다. 당신이 믿고 있는 대로 회사가 유독 당신에게 더 많은 임무를 부여하고 더 많은 일을 시키고 있다고 하자(실제는 그렇지 않지만). 정말로 그렇다면 그것은 다행이다. 행운이다. 투덜거릴 일이 아니다. 기뻐해야 할 일이다. 당신이 회사의 핵심 인재요 회사가 당신의 능력을 인정하고 있다는 확실한 증거니까. 그렇지 않은가?

일을 피하지 마라

누가 뭐래도 회사는 일 잘하는 사람을 좋아한다. 경영자들은 모두 그렇다. 유럽의 피터 드러커로 불리는 독일이 낳은 초일류 경영학자 헤르만 지몬Hermann Simon(얼마 전 우리나라 TV에도 특집으로 출연했다)은 역저 『히든 챔피언』에서 수많은 세계적 일류 중소기업을 분석했다. 기업가형 경영자들은 사람과 일을 구분하지 않는다는 것이다. 사람과 일을 구분하지 않는다? 그렇다. 그들 경영자는 회사와 항상 하나였다. 그럼으로써 사생활과 일을 분리하지 않고 완벽하게 통합시킨다는 것이다. 그러면서 "일로 살아라Live your work!"라는 제이크 버튼(버튼스노버드 설립자)의 충고를 전했다.

자, 생각해보라. 경영자들의 삶의 자세가 저렇다면 어떤 사람을 좋아할 것인가 말이다. 당연히 '일 잘하는 사람'에게 최고의 점수를 줄 것이다. 불 보듯 뻔하다. '일 잘하는 사람'이란 직장에서 최고의 평가다. '인재'라는 평가는 추상적이다. 하지만 '일 잘하는 사람'이라면 구체적·실질적이다. 일을 잘한다는 것은 두 가지 측면이 있다. 질적인 것과 양적인 것. 일은 질적으로도 잘해야 하지만 양적으로도 잘해야 한다.

일을 잘하는 사람이라는 평가를 받기 위해서는 일단 일을 피하지 말아야 한다. 아니, 일을 피하는 것을 넘어 적극적으로 일을 찾아야 한다. 때로는 일을 만들어낼 수 있어야 한다. 일을 통해 자기 역할을 극대화하는 것, 그것이 멀티어십이다. 멀티어는 일을 피하지 않을뿐더러 적극적으로 찾고 만들어내는 사람이다.

이 책의 앞머리에 기록돼 있는 내 경력을 살펴보기 바란다. 좀 특이하지 않은가? 지방대학에서 농학을 전공한 사람이 참 별짓(?)을 많이 했다. 예닐곱 가지 직업을 가져봤다(그렇다고 한곳에 발을 붙이지 못하고 여기저기 직장을 옮겨 다닌 메뚜기족은 아니다). 그 와중에 40권가량의 책을 썼다. 지금은 작가와 산업교육 강사의 길을 걷고 있다. 솔직히 젊은 날의 내 꿈 목록에 오늘이 있었던 것은 아니다. 참담할 정도로 어려웠던 학창 시절이었기에 지금보다 꿈이 작았다. 그런데 지금까지 살아오는 동안 예상치 못했던 여러 경로를 걷게 된 것은 참으로 우연한 사건(?)에서 비롯된다. 적극적으로 일을 찾아내는 특유의 기질과 성향 때문이라고 생각한다.

농협에 입사한 후 3년 만에 나는 초급 책임자(대리)로 승진했다. 강원도 춘천에 있는 연수원으로 발령을 받았다. 1979년 봄, 서른 살 때 일이다. 내가 강의를 담당한 교과목은 '구매사업'이다. 비료, 농약 등 농민이 구매해야 할 농사용 자재 공급에 관한 것을 가르치는 것이다. 그런데 연수원의 교과목 중에 내 호기심을 부채질하는 과목이 있었다. 농협을 찾는 고객을 어떻게 맞이하고 응대해야 하는지를 가르치는 '창구응대'가 그것이다. 창구에서 손님을 맞을 때의 친절과 서비스를 다루는 과목이다.

그 과목은 연수원에 전문가가 없어 외부 강사가 가르쳤다. 나는 외부 강사의 강의 기법이 궁금했다. 어떻게 그 과목을 가르치는지 호기심이 발동했다. 어느 날 궁금함과 호기심을 억제할 수 없었다. 그래서 창구응대 교육이 진행되는 강의실에 슬그머니 들어갔다. 맨 뒷자리에 자리를 잡았다. 그리고 무엇을 어떻게 가르치는지 살펴봤다.

결과는 실망이었다. 내가 창구 근무를 해본 경험으로는 그런 식으로 교육을 해서는 별로 효과가 없을 것이라는 생각이 들었다. 그 강사와 과목에 대한 연수생들의 반응 등 교육 효과를 체크해봤다. '역시'였다.

나는 상사인 연수원장에게 건의했다. 내가 그 과목을 가르치면 안 되겠느냐고 했다. 내 본연의 담당과목인 '구매사업'과 함께 말이다.

원장으로서는 내 건의를 거부할 이유가 없었다. 외부 강사 때문에 여러모로 신경을 많이 써야 했는데 그것을 내부 강사가 스스로 담당하겠다고 나섰다. 얼마나 기특했겠는가. 원장은 쾌히 승낙했다. 당장 다음 과정부터 강의를 시행하라고 한발 더 나갔다.

정확히 2주 후 나는 창구응대를 가르치기 위해 강단에 섰다. 난생처음 해보는 친절·서비스 강의다. 당연히 긴장이 됐다. 강단에 서서 숨을 가다듬으며 강의실을 휘둘러보던 나는 깜짝 놀랐다. 맨 뒷자리에 원장이 앉아 있었기 때문이다. 원장은 내가 어떻게 과정을 개발했는지, 무엇을 어떻게 가르치는지 관심이 컸던 것이다.

처음 시도하는 창구응대 강의였다. 그런데 원장으로부터 평가까지 받게 됐다. 무척 당황스럽고 초긴장 상태가 됐다. 그러나 그날 강의는 대성공이었다. 의외로 강의가 잘 풀렸다. 강의를 마쳤을 때 여기저기서 감탄하는 소리가 들렸다. 기립박수라도 쳐줄 것 같은 분위기였다.

고조된 기분으로 교무실로 돌아왔다. 원장실로 오라는 전갈이 왔다. 순간적으로 불안했다. 나로서는 대성공이라고 판단했다. 하지만 상사 입장에서는 어떻게 평가할지 은근히 걱정됐기 때문이다. 혹시 강의 중에 말실수를 하지는 않았는지 강의 내용을 되새겨보며 원장실 문을 조심스럽게 열고 들어섰다. 그때 나는 파안대소하는 원장의 얼굴을 발견할 수 있었다. 원장은 칭찬을 아끼지 않았다. 그러면서 의외의 주문을 덧붙이는 것이었다.

"잘했어요. 한 가지 지시를 하겠어요. 오늘 강의한 내용과 논리 그대로 책을 쓰도록 해요."

유능한 사람은 다능하다

돌이켜보면 그 순간은 내 삶의 궤도가 수정되는 역사적 장면이다. 친절·서비스 전문가로 첫발을 내딛는 터닝 포인트였다. 학창 시절에 일기조차 제대로 써본 적이 없는 내가 전문적으로 책을 쓰고 강의를 하게 되는 새로운 인생 여정은 그렇게 시작된 것이다. 그로부터 정확히 1년 후 『고객응대』라는 이름으로 내 첫 책이 탄생하게 된다. 1980년 6월이었다. 그 이후 나는 친절·서비스 분야 전문가로 인정받아 농협중앙본부로 발탁됐다. 서울로 올라왔다. 인생의 새로운 길이 열린 것은 물론 농협에서 확고한 위치를 다지는 계기가 된 셈이다.

다시 말하지만 멀티어십을 발휘하려면 일을 피하지 말아야 한다. 오히려 한발 더 나아가 '내가 하겠습니다'라는 정신이 필요하다. 적극적으로 일을 찾고 만들어낼 줄도 알아야 한다. 회사와 경영자가 그런 사람을 좋아할 것임은 너무도 당연하다.

당시 나는 연수원에서 막내 교수였다. 나이도 어렸을 뿐만 아니라 부임한 지 몇 달도 안 된 신참이었다. 거꾸로 말하면, 그곳에는 나보다 더 오랫동안 근무한 교수들이 있었다. 더 많은 교수가 이미 그곳을 거쳐 갔다. 그런데 왜 '창구응대' 과목의 문제점을 짚어내지 않았을까? 모두 일선에서 창구 근무를 해봤다. 그런데도 왜 그 과목을 개선하려고 하지 않았을까? 왜 자기 자신이 직접 그것을 해결하기 위해 뛰어들지 않았을까? 대답은 당신 스스로 내려주길 바란다.

과목을 더 맡게 되는 것은 분명히 부담스러운 일이다. 고생을 사서 하는 것이다. 스트레스 받을 일이다. 일을 적게 하면 그만큼 더 편한 것이 사실이다. 내가 그 일을 하지 않는다고 뭐라 할 사람은 없다. 그러나 나는 하지 않아도 될 일을 찾아내 적극 나섰다. 누가 시킨 것이 아니다. 그것이 바로 '내가 하겠습니다' 정신이다. 그것이 멀티어십이다.

인재는 본래 '다재다능多才多能'하다. 유능有能한 사람은 다능多能하다. 재주가 많아 유능한 사람은 능력도 많다는 말이다. 그러나 아무리 다능하더라도 적극적으로 활용하지 않으면 아무 소용이 없다. '구슬이 서 말이라도 꿰어야 보배'다. 아무리 능력이 있어도 발휘되지 않으면 허사다. 만약 타고난 재주와 능력이 부족하다면 적극적으로 일에 맞닥뜨려 도전하라. 그럼으로써 스스로 '다재다능'한 사람이 되도록 해야 한다. 그것이 자기계발이다. 멀티어가 가야 할 길이다.

세상사가 다 그렇지만 작은 차이가 큰 차이를 만들어낸다. 작은 것이 큰 것이다. "내가 해보겠습니다"라며 나서는 작은 행동이 나중에 큰 결과로 보상받게 된다는 사실을 나는 확실히 증언할 수 있다.

끊임없이 학습하라

오늘날 경쟁이 치열하고 변화의 속도가 광속에 가까운 것은 누구나 깨닫고 있다. 이런 세상을 살아가는 방법은 딱 두 가지다. 아예 현실을 무시하고 원시인처럼 사는 것 아니면 변화를 따라가는 것. 전자는 이 세상 사람이 아니니까 논외로 하자. 직장인으로 변화를 따라잡지 못하고 어정쩡했다가는 자리를 보전하기 힘들다. 언제 구조조정의 대상이 될지 모른다.

살아남으려면 공부해야 한다. 전문 분야는 물론 광범위하게 학습해야 한다. 시간적으로도 오랫동안 공부해야 한다. 이미 평생학습의 시대는 왔다. 제아무리 우수한 대학을 나왔다 하더라도 몇 년 동안만 학습을 게을리하면 뒤처지고 만다. 평생학습과 관련해 이시형 박사는 『공부하는 독종이 살아남는다』에서 이렇게 말했다.

"공부는 평생 해야 하는 것입니다. (중략) 어떤 시대가 와도 살아남기 위해서는 전천후 요격기가 되어야 합니다. 멀티 인간이 되어야 합니다. 다양한 구질을 가진 투수가 되어야 합니다. 그러나 '결정적 한 방'이 없으면 안 됩니다. 그러기 위해선 많은 연구와 훈련, 누구도 흉내 낼 수 없는 구질, 그게 창조이고 공부입니다."[48]

나는 이 부분을 읽다가 깜짝 놀랐다. 정말 반가웠다. 응원군을 만난 것 같은 반가움이었다. 우연이지만 내 주장과 정확히 일치했기 때문이다. '전천후 요격기' '멀티 인간'이라는 용어까지도.

공부하는 독종이 이긴다

통섭형 인재 멀티어를 꿈꾼다면, 멀티어십을 발휘하고자 한다면 공부해야 한다. 많이 공부하고 끊임없이 학습해야 한다. 학습의 기회와 방법은 다양하다. 자신의 일을 통해서도 배울 수 있고 책을 통해서도 배울 수 있다. 남의 경험을 듣고 배울 수도 있다. 문제는 관심이고 호기심이며 열정이고 도전하려는 정신과 자세다. 하고자 하면 기회는 많다. 방법도 많다.

공부는 자칫 양극화 현상이 나타날 수 있다. 공부를 하는 사람은 더 하고 그렇지 않은 사람은 더 안 하게 된다는 것이다. 예를 들어 학창 시절에 공부를 안 한 사람이라면 직업인이 된 이후라도 그것을 만회하기 위해 더욱 열심히 공부해야 하는데 실상은 정반대다. 학창 시절에 공부를 잘하고 많이 한 사람이 직장인이 되고도 더 열심히 많이 하는 것이 일반적이다. 일종의 '부익부 빈익빈' 현상은 여기에도 적용된다. 그러니 격차가 더 벌어질 수밖에 없다.

만약 당신이 학창 시절에, 젊은 날에 공부를 별로 하지 않았다면 이제부터라도 독종 소리를 들을 만큼 공부해야 한다. 이시형 박사의 말대로 공부하는 독종이 살아남는다. 그것은 진리다.

먼저, 책을 많이 읽기를 권한다. 멀티어십은 독서에서 나온다. '공부'는 뭐니 뭐니 해도 독서다. 사람은 아는 것만큼 세상을 본다. '창의'라는 것도 결국은 아는 것만큼 나온다. 골방에 틀어박혀 궁리만한다고 창의적 아이디어가 나오는 것이 아니다. 나오더라도 폭이 좁을 수밖에 없다. 책을 읽지 않아 아는 것이 별로 없고 지식이 부족하다면 창의 역시 별 볼 일 없게 된다.

예를 들어 은행원이 아무리 창의적인 머리를 갖고 있다 하더라도 금융 전반에 대한 폭넓고 깊은 지식이 없으면 금융상품이나 제도에 대해 좋은 아이디어를 낼 수 없다. 의사나 병원에 관한 지식이 없다면 죽었다 깨어나도 의사에게 필요한 금융상품을 개발하지 못한다. 이처럼 창의적 아이디어는 '지식'의 깊이와 넓은 바탕에서 표출된다.

세상을 움직인, 그리고 역사에 큰 족적을 남긴 사람들의 공통점이 무엇인지 아는가? 독서다. 우리나라 산업계의 큰 별이라 할 수 있는 고 이병철 삼성그룹 회장과 고 정주영 현대그룹 회장만 봐도 독서를 많이 한 사람이라는 공통점을 발견하게 된다.

"오늘날의 나를 있게 한 것은 우리 동네 도서관이었다"고 말할 정도로 책을 많이 읽었던 빌 게이츠, 페이스북을 만든 마크 주커버그, 얼마 전 세상을 떠난 스티브 잡스도 소문난 독서광들이다. 나폴레옹은 전쟁 중에 말 위에서도 책을 읽었다. 맥아더는 군인이었지만 7,000권이 넘는 장서를 보유했다. 저녁 시간은 온전히 독서에 할애했다. 「십계」「벤허」등으로 유명한 전설적 영화배우 찰턴 헤스턴은 성경 속의 세례 요한이나 모세의 성격을 가장 완벽하게 연기했다. 그 비결이 독서였다. 영화배우였지만 해박한 지식의 소유자였다. 그래서 어떤 배역을 맡으면 극본이 역사적 사실과 다르다는 것을 지적할 정도였다. 통섭형 인재의 전형으로 꼽히는 우리 세종대왕은 눈병이 날 정도로 책을 많이 읽은 독서광이었다. 이순신 장군도 목숨을 다투는 전쟁터에서도 책을 읽고 글을 썼다.

이치가 그럼에도 우리네 직장인의 '독서'는 형편없는 수준이다. 강의를 하면서 어떤 특정한 책을 읽어봤는지 즉석에서 물어본다. 한심한 경우가 많다. 책을 너무 안 읽는다. 교보문고 독서경영연구소가 우리나라 직장인의 독서 실태를 조사한 것을 보자. 평균 독서량은 연 열두 권. 한 달에 겨우 한 권을 읽는 정도다. 1년 동안에 단 한 권의 책도 읽지 않는 직장인이 9.3퍼센트에 달하는 것으로 나타났다.

열 명 중 한 명 정도가 1년 동안에 책을 한 권도 안 읽는다니! 직장인이 말이다. 그러고도 직장인이라 할 수 있을까? 그러고도 남보다 앞서 가겠다? 인재가 되고 싶다? 대접받고 싶다? 모두가 헛된 망상이다.

남녀 직장인의 한 달 술값이 독서 관련 비용의 네 배를 넘는다는 조사 결과도 있다. 그러고서 멀티어십을 발휘한다? 통섭형 인재를 꿈꾼다? 그야말로 영원히 이룰 수 없는, 말 그대로 꿈이다.

독서 외에도 통섭형 인재가 되기 위해 학습해야 할 분야와 방법은 많고도 많다. 어떤 방법을 동원해서라도 당신의 '무게'를 무겁게 하고 '표면적'을 넓혀야 한다. 무게를 무겁게 한다는 것은 전문 분야의 질을 높인다는 것이다. 표면적을 넓힌다는 것은 다양한 분야를 통섭함을 의미한다. 세상살이에 누구에게나 같은 기회가 지나간다고 나는 믿는다. 그 기회의 화살을 맞을 표면적을 넓혀놔야 당신은 도약의 행운을 맞을 수 있다. 준비된 사람에게 기회가 오는 것이다.

이영석 씨. 누군지 모르겠는가? '총각네 야채가게'라면 금세 알아차릴 것이다. 돈도 백도 스펙도 별로 없는 사람이 '채소 장사'라는 아이템으로 특유의 브랜드를 창조해 성공한 젊은이다. 그의 성공담을 보면 조건과 한계를 뛰어넘는다는 것이 어떤 것인지, 치열하고 독하다는 것이 무엇인지 감동스럽게 다가온다. 특히 전문직으로서 채소 장수가 되기 위해 스스로 공부하고 훈련받은 이야기에서는 그가 성공할 수밖에 없음에 고개가 절로 끄덕여진다. 채소 파는 일도 전문직이 될 수 있다는 것을 남들에게 증명하기 위해 교육도 많이 받고 책도 많이 읽었단다.

"나는 많은 돈을 들여가며 발성 연습, 발음 연습, 예절, 서비스 매너, 이미지 메이킹 등의 교육을 받았다. 이 모든 것을 하루아침에 익힐 수 있는 것도 아니기에 나는 지금도 계속 교육을 받고 있다."[49]

이렇듯 끊임없이 학습해야 멀티어가 될 수 있다. 배워야 이길 수 있다. 『좋은 기업을 넘어 위대한 기업으로』. 짐 콜린스의 세계적 베스트셀러다. 정말이지 당신이 좋은 사람$_{Good}$을 넘어 위대한 사람$_{Great}$이 되려면 공부해야 한다. 책을 읽어야 한다. 훈련을 쌓아야 한다. 그래야 'Good'을 넘어 'Great'한 멀티어십이 함양될 것이다.

글쓰기와 말하기로 멀티어십이 완성된다

여기서 한 가지 덧붙여 강조할 것이 있다. 정말로 'Great'한 멀티어십을 발휘하려면 독서를 넘어 글쓰기와 말하기 능력도 강화해야 한다는 것이다. 사람들은 자기계발이라면서 기꺼이 책을 읽는다. 교육훈련을 받는다. 그러면서도 막상 글쓰기나 말하기 학습을 하는 사람은 드물다. 물론 독서 등 학습을 많이 하면 글쓰기와 말하기에 도움이 된다. 그러나 많이 알면서도 글쓰기와 말하기에 둔재인 사람도 많다는 점을 감안하면 글과 말에 대한 공부를 따로 할 필요가 있다.

글과 말의 능력을 키워야 하는 것은 아무리 많은 지식이 있어도 표현할 수 없다면 지식의 효율이 너무 낮아지기 때문이다. 자연과학과 인문학 간의 통섭을 주장하는 최재천 교수는 "살아보니까 세상에서 제일 중요한 것이 읽기이고 그다음이 쓰기"라고 말했다. 또한 제프리 이멜트 GE 회장은 그의 리더십 십계명에서 "끊임없이 배우고 어떻게 가르쳐야 하는지 교수법을 익히라"며 말하기의 중요성을 강조했다.

통섭형 인재, 멀티어가 되려면 '배운 것' 못지않게 '알리는 것'에도 멀티해야 한다. 아니, 글쓰기와 말하기를 터득함으로써 멀티어십이 완성된다. 스티브 잡스가 2005년 스탠퍼드대학에서 했던 졸업식 연설은 링컨 대통령의 게티즈버그 연설에 비견될 정도의 명연설로 꼽힌다. 독서, 글쓰기, 말하기가 어우러진 결과임은 말할 것도 없다.

공학을 전공했든 경영을 하는 사람이든 풍부한 인문학적 소양이 강조되는 이유 하나도 바로 글쓰기, 말하기에 있다. 상대방을 더욱 빠르게 이해시키고 설득할 줄 아는 글쓰기, 말하기 능력이야말로 다변화된 커뮤니케이션 시대를 살아가는 고차원의 멀티적 업무 능력이기 때문이다. 실제로 회사생활에서 수시로 부딪히는 구두보고, 프레젠테이션, 대화, 보고서나 기획안 작성, 이메일 쓰기 등 일상 업무가 모두 글과 말에 관련돼 있음을 알 수 있다.

미국에서는 어렸을 때부터 발표력 향상 등 말하기 교육에 중점을 둔다. 하버드대학을 비롯한 유수의 대학에서 학생들에게 글쓰기 교육을 진행하고 있다. 여기에는 다 그럴 만한 이유가 있다. 미국의 매사추세츠 공과대학도 글쓰기 프로그램이 유명하다. 왜 이공계 대학에서 글쓰기 교육을 많이 하느냐는 질문에 "MIT 학생은 대부분 사회 리더로 성장할 것인데, 리더가 하는 일 가운데 가장 중요한 것이 글을 쓰는 것"이라고 대답한 것에서 많은 것을 느낄 수 있다.

그럼에도 대학에서 석사나 박사학위에 도전하는 사람은 많아도 막상 그보다 훨씬 쉬운 말하기와 글쓰기에 도전하는 사람은 의외로 적다. 그 정도는 타고난 실력으로 커버하겠다는 것이다. 과연 그럴까? 또 글쓰기와 말하기의 중요성을 알면서도 재주가 없다며 포기하는 사람도 많다. 이상하게도 말하기와 글쓰기는 '재주 탓'을 하는 사람이 대부분이다. "재주가 없어서……"라며 뒤로 물러서는 것이다.

멀티어는 말과 글에도 능통해야 한다. 자기 생각을 말과 글로 표현하는 능력이야말로 멀티어십의 압권이다. 아무리 유능하면 뭐하는가. 표현 능력이 떨어지면 너무나 아깝지 않은가.

항상 배움에 도전하라. 아무리 많은 능력을 가진 멀티어라도 지금 이 수준에서 정체하면 순식간에 뒤처지고 만다. 상대적으로 세상의 흐름이 눈부시게 빠르기 때문이다. 그러므로 꾸준히 공부하고 학습해야 한다. 많이 읽어서 많이 알아야 한다. 말과 글로 제대로 표현할 수 있어야 한다. 그것도 멀티 역량이다. 그래야 탁월한 멀티어다. 'Great'한 멀티어십이 된다.

멀티어십과 실행성
실행이 없는 멀티는 허구다

실행성이 천재성이고 마력이다

"남자한테 정말 좋은데. 어떻게 표현할 방법이 없네! 직접 말하기도 그렇고."

이 한마디 광고 멘트로 유명해진 분이 있다. 천호식품 김영식 회장. 어떻게 해서 성공했는지 궁금해서 그분이 쓴 책을 정독해봤다. 『10미터만 더 뛰어봐』가 그것이다.[50] 그가 어떻게 지금의 그 세상을 만들어냈는지 성공하기까지의 풀 스토리가 나와 있다. 읽고 나서 떠오른 단어가 두 개 있다. '실행성'과 '독함'(이 두 단어는 성공한 사람들의 공통점이다. 앞에서 소개한 이영석 씨도 마찬가지다).

그의 명함에는 "생각하면 행동으로!"라는 문구가 있다고 한다. 인생 슬로건이자 생활 지침이다. 한 가지 사례만 들어보자. '통마늘진액'이라는 제품을 출시했을 때 김 회장은 그 효능을 홍보하기 위해 이런 아이디어를 낸다.

"내가 자전거를 타고 부산역에서부터 서울역까지 가면 어떻겠어?"

결심한 즉시 그는 2,000여 명의 지인에게 휴대폰 문자를 보냈다. 통마늘진액을 마시며 자전거로 국토 종단을 하겠다고. 그러고는 정말 떠났다. 실행에 옮긴 것이다. 그리고 5일 만에 520킬로미터를 달려 서울역에 입성한다. 그는 말 그대로 '생각하면 행동으로 옮긴' 실행력으로 오늘의 천호식품을 일궈냈다. 그것이 비결이라면 비결이다.

실행력은 '독함'과 관계가 있다. 표리의 관계다. 생각한 대로 어김없이 실천하는 사람은 독한 사람이다. 독한 사람이 실행한다. 실행하는 사람이 독한 사람이다. 주위를 살펴보면 직장에서 아낌을 받거나 성공한 사람들은 실행력의 귀재들이다. 어떤 역경이나 장애에도 강한 의지로 행동에 옮긴다. 그럼으로써 결국 극복해내는 근성을 가졌다. 나는 이것을 '독한 인재'라고 칭한다.

사실 CEO, 운동선수, 예술가 등 세상에 이름을 떨친 사람 중에 독한 사람이 아닌 경우는 거의 없다. 갈수록 치열해지는 경쟁에서 살아남으려면 독한 인재가 되지 않으면 안 된다. 암하노불岩下老佛 같은 스타일로는 결코 성공할 수 없다. 인재의 반열에 오를 수 없다. 멀티어가 될 수 없다.

결국은 '절실한 사람'이 이긴다

인터넷에 보면 이런 수수께끼가 있다.

"호랑이와 사자가 싸우면 어느 쪽이 이길까?"

이에 대한 해답을 얻기 위해 호랑이와 사자의 나이, 덩치, 달리기 속도, 싸움 실력 등을 따지는 사람이 있다면 멍청하다. 인터넷 수수께끼라는 점에 주목하면 답은 쉽게 나온다. 정답은 '배고픈 녀석이 이긴다'다. 그런데 이것이 황당한 수수께끼가 아니다. 일리가 있다. 결국 싸움이란 배고픈 놈(고상하게 '헝그리 정신'이라고 한다)이 이긴다. 왜 이기는가? 그만큼 절실하다. 죽기 살기로 덤빈다. 독한 것이다. 그 이야기에서 얻는 교훈은 '독한 놈'이 승리한다는 것이다.

나는 일찍이 '독한 인재, 독한 경영론'을 주창했다. 내가 말하는 독한 인재는 남에게 독하게 악질 노릇을 하는 사람을 말하는 것이 아니다. 독한 인재란 세상살이의 이치, 직장생활의 원리를 그대로 실행하는 사람이다. 자기 자신에게 독한 사람, 원칙을 지독하게 실천하는 사람이 독한 인재라는 말이다.

간단한 예를 들어보자. 아파트촌의 뒷골목 소로에 건널목이 있다고 하자. 그곳에 별 효용도 없는 신호등이 설치돼 있다. 인적도 차량 통행도 없는 새벽 2~3시경, 어떤 사람이 건널목에 멈춰 섰다. 건너지 말라는 빨간 신호등이 켜져 있기 때문이다. 이 경우 길을 건너지 않고 있는 그는 어떤 사람일까? 바보 멍청이라고? 그렇지 않다. 원칙대로 세상을 사는 독한 사람이다.

독한 인재는 법대로 실행하는 사람이다. 자기 자신을 '독하게 경영'하는 사람이다. 결국 그런 독한 사람이 무엇인가를 이룬다. 세상은 얼렁뚱땅한 것 같아도 그렇지가 않다. 독한 사람이 성공하고 독한 사람이 승리하게 돼 있다. 성공한 사람들의 인생살이를 곰곰이 되살펴 보라. 그들의 공통점 '독함'을 발견할 수 있을 것이다. 자기를 독하게 경영하는 바로 그것 때문에 성공했음을 알게 될 것이다.

독한 인재, 독한 경영론

독하게 경영한다? 즉 '독한 경영'이라는 용어는 내가 대한석탄공사 사장으로 취임하던 날 취임사에서 처음 등장한 용어다. 그 후 '독한 경영'은 대통령 앞에서도 보고한 적 있다. 언론에도 여러 차례 보도됐다. 또 퇴직 이후 지금까지 수많은 강의를 통해 소개했다. 그래서 업계에 비교적 잘 알려진 용어다.

독한 경영이 탄생한 과정은 우연이었다. 사장으로 내정됐다는 통보를 받았다. 부채가 1조 원이 넘고 정부의 경영평가에서 꼴찌를 하는 공기업, 석탄공사를 어떻게 경영할 것인지 많은 고민을 했다. 그래서 도움이 될 아이디어를 얻기 위해 여러 자료를 섭렵했다.

서재에 틀어박혀 지난 30여 년간 공들여 모아둔 자료들을 들춰봤다. 그러다가 재미있는 현상을 발견했다. 그동안 수없이 등장하고 사라진 단체장, CEO 등 조직의 장들이 처음 취임할 때 선언한 말이 대동소이하다는 사실이다. 취임사가 거의 똑같다는 말이다.

모두 "지금은 위기다." "변해야 한다." "바꾸자." "혁신하자." "환골탈태하자." "원칙과 정도대로 하자." "고객을 감동시키자." 이렇게 말했다. 어떤 취임사든 이 범주를 크게 벗어나지 않는다.

'그런데 왜 확실하게 변하고 원칙대로 경영하며 환골탈태한 사례가 별로 없을까?'

그런 의문에 젖어 있던 나는 스스로 결론을 내렸다.

"그렇다. 경영의 원리는 간단명료한데 그것을 '독하게 실천한' 경영자가 별로 없기 때문이다."

'독한 경영'은 그렇게 탄생했다. 나는 이것을 취임사에 담아 선언했다. 원칙과 기준을 독하게 실천하는 '독한 경영'을 하겠다고.

'경영 실패는 방법을 몰라서가 아니라 원칙을 실천하지 않았기 때문이다.'

그것이 독한 경영의 철학이다. 예를 들어 '노사 상생'이 노사관계의 원칙이라면 그것을 지독할 정도로 철저히 지킨다. '공평무사, 능력 본위'가 인사의 원칙이라면 그것을 그대로 실천한다. 그것이 독한 경영의 이론적 바탕이다. 그래야 조직이 제대로 경영된다는 것이 내 신념이다.

독한 경영은 '악랄한 경영'이 아니다. 임직원을 닦달하고 마른 수건도 쥐어짜는 하드 워크나 극단 경영이 아니다. 독한 경영은 원칙과 정도를 지향하는 창의 경영, 능률 경영이다. 궁극적으로 인간 중심의 휴먼 경영이다. 기업 경영은 물론 가정 경영과 자기 경영에도 그대로 적용되는 원리다.

'독한 경영'에서 파생한 것이 '독한 인재'다. 원칙을 독하게 실천하는 사람을 말한다. 회사는 독한 인재를 원한다. 독하게 실행하는 사람을 좋아한다. 실제로 우리나라의 유명한 기업인 중에 "독한 인재가 되라"고 촉구하는 사람이 여럿 있다. 왜 그럴까? 사람을 채용해 일을 시켜보면 안다. 다부지지 못하고 흐리멍덩해서 속이 터질 때가 많기 때문이다. 독하지 못하면 치열한 경쟁에서 이기지 못할 것이 뻔하기 때문이다. 치열한 경쟁에서 이기려면 치열해야 함은 당연하다.

실행이 없는 멀티는 허구다

멀티어십은 실행력이다. 독하게 실행하는 정신 자세다. 제아무리 멀티적 자격을 갖추고 있으면 뭐하는가. 실행하지 않으면 허사다. 실행하지 않는 사람은 독한 인재가 아니다. 입과 머리만 살아 있는 사람이다.

이민규 교수가 얼마 전 『실행이 답이다』라는 책을 써서 돌풍을 일으켰다. 성공한 사람들, 위대한 족적을 남긴 사람들의 공통점은 지식이나 아이디어가 특출했기보다 실천력이 특출했다는 것이다. 뛰어난 실천력으로 꿈을 이뤘다는 것이다.[51]

그렇다. 전적으로 동의한다. 그럼에도 우리 사회를 휩쓴 화두는 실행이 아니라 '꿈'이었다. '꿈은 이루어진다'는 것이다. 나는 그것을 '꿈 신드롬'이라고 한다. 마치 꿈만 꾸고 주문을 외고 소망을 종이에 써서 가슴에 품고 다니고 생생하게 상상만 하면 모든 것이 이뤄질 것 같은 환상에 사로잡혀 있다는 말이다.

꿈은 꿈일 뿐이다. 상상은 상상일 뿐이다. 기도는 기도일 뿐이다. 꿈이 실행의 강력한 동기는 된다. 하지만 꿈, 상상, 소망만으로 이룰 수 있는 것은 별로 없다. 꿈, 상상으로 소망이 이뤄진다면 세상에 소망을 이루지 못할 사람이 어디 있겠는가? 성공하지 못한 사람이 없을 것이다.

꿈의 중요성, 꿈의 효용을 부인하는 것이 아니다. 꿈꾸는 것보다 실행이 더 중요함을 강조하려는 것이다. 나는 『저질러라, 꿈이 있다면』에서 실행을 넘어 저지르는 차원의 용기 있는 결단과 행동이 있어야 꿈을 이룰 수 있다고 말했다. 그러면서 'NADO'라는 신조어를 소개했다.[52]

'NADO'란 사람들에게 많이 회자되던 'NATO', 즉 'No Action, Talk Only(실행은 없고 말만 있다)'에 빗대어 만든 말이다. 그러니까 'NADO'는 'No Action, Dream Only'의 약자다. 사람들이 꿈만 야무지고 실제로 행동이 없음을 지적한 말이다. 'NATO'든 'NADO'든 중요한 것은 'Action', 즉 실행이다. 실천이 핵심이다. 괴테는 "시작하라. 그 자체가 천재성이고, 힘이며, 마력"이라고 설파했다. 시작하는 것, 즉 실행이 힘이라는 것이다.

필 스터츠와 배리 미첼스는 『툴스』에서 말했다.[53] 목적의식은 그저 생각한다고 생겨나는 것이 아니라 미래로 향하는 무엇인가를 실천함으로써 생겨난다고. 목적의식이란 다른 말로 꿈이다. 꿈을 꿈으로써 실행하는 것이 아니라 실행함으로써 꿈이 생겨날 수 있음을 잘 지적했다. 그리고 그들은 강조했다. 고통(나는 역경이라고 말하고 싶다)을 향해 전진하라고. 그것을 피하려 하지 말고 정면으로 다가서면 고통이 움츠러들지만 고통에서 달아나려면 오히려 고통이 커진다고. 그것이 바로 '전진의 힘'이라는 것이다. 전진의 힘이란 바로 도전하는 것이다. 도전하고 실행함으로써 목적, 즉 꿈은 이뤄지게 된다.

실행하지 않으면 아무것도 없다. 꿈도 없다. 멀티어십도 없다. 행동하지 않는 멀티는 멀티가 아니다.

영업맨 정신이 있어야 한다

직장인의 실행력 가운데 가장 중요한 것은 뭐니 뭐니 해도 '파는 것'이라 생각한다. 어떤 개인이나 조직이든 팔지 못하면 망하기 때문이다. 회사는 상품을 판매한다. 정부 조직이라면 주민에 대해 서비스를 판다. 그렇다면 개인은 무엇을 파는가? 자신을 판다. 이미지를 팔고 인품을 팔고 지식을 팔고 능력을 파는 것이다. 그래서 "인생은 세일즈"라고 하지 않던가. 톰 피터스는 그의 책 『리틀 빅 씽』에서 우리가 어떤 분야에서 일하든지 세일즈맨이라는 사실을 잊지 말아야 한다며 이렇게 말했다.

"우리는 모두 무언가를 팔며 살아가고 있다. 방송국 PD를 비롯해서 교회의 목사, IT 전문가 등 각기 다른 분야에서 다른 능력으로 자신의 지식과 능력을 팔고 있다. 공익 활동에 앞장서는 분들은 '가치'를 사회에 팔고 있다. 그 가치가 충분한 보상이 되지 않을 수도 있지만 보상보다 나은 명예를 얻게 된다. 이런 점에서 스스로를 세일즈맨으로 생각하고 해당 분야에서 최고의 전문가가 되라. 이를 통해 최고의 경력을 만들어내라. 그리고 그 경력과 재능을 팔아서 부를 창출하라."[54]

팔아라, 팔 줄 알아야 인재다

『보물섬』『지킬 박사와 하이드』 등을 쓴 영국의 소설가이자 시인인 로버트 루이스 스티븐슨도 이렇게 말했다.

"모든 사람은 무엇인가를 팔아서 살고 있다."

그렇다. 우리는 모두 세일즈한다. 세일즈맨이다. 그러므로 프로 세일즈맨다운 영업력을 갖춰야 한다. 영업력, 쉽게 말하면 세일즈 파워다. 팔 수 있는 힘이고 능력이다.

영업력 또는 영업맨 정신 운운하면 영업직 사원, 소위 세일즈맨이라는 사람에게만 해당하는 것처럼 생각하기 쉽다. 그러나 그것이 아니다. 영업력은 영업직 사원에게만 필요한 것이 아니다. 영업맨 정신은 직장생활을 하는 사람이라면 누구든지, 어떤 회사, 어떤 부서에서 어떤 일을 하든지 매우 중요한 정신이다.

영업력은 생산된 상품을 단순히 판매하는 능력이 아니다. 영업력은 회사의 핵심 능력이다. 넓게 보면 새로운 시장을 개척하는 것은 물론, 생산라인에서 최고의 제품을 만들어내는 것까지 모두 해당된다. 제품이 좋으면 고객이 선호할 것이다. 그러면 판매하기가 그만큼 쉬워지기 때문이다.

홍보담당자가 상품에 대한 멋진 광고를 만드는 것이나 전화상담원이 친절하게 전화를 받는 것도 결국은 매출과 관련된다. 그 때문에 영업력과 밀접한 관계가 있다. "최고경영자CEO도 결국은 영업사원"이라는 말이 있는 것도 바로 그래서다.

"매출을 올리는 것은 밖으로 돌아다니는 영업사원 몫만은 아니다. 영업력이 있는 사람은 새로운 시장을 개척할 뿐만 아니라 생산라인에서 새로운 제품을 생산하고 개선하는 것으로 영업에 기여한다. 에스키모인에게 냉장고를 팔 수 있는 것도 대단한 영업력이지만 에스키모인에게도 쓸모가 있는 냉장고를 생각하고 만들어내는 것도 영업력인 것이다."[55]

영업력으로 잘 알려진 웅진코웨이㈜의 CEO였던 박용선 사장이 한 칼럼에서 한 말이다. 영업사원뿐만 아니라 생산공장의 제품개발자에게도 영업력이 어떤 것인지를 적절히 짚어줬다. 멀티어십을 발휘하려는 사람이라면 이 말을 깊이 음미해볼 필요가 있다.

영업맨 정신이면 무엇이든 할 수 있다

영업력은 영업 마인드, 달리 말하면 '영업맨 정신'에서 나온다. 영업맨 정신이란 끈질긴 생명력, 잡초 같은 적응력, 야성이라 할 수 있다. 영업맨 정신은 필드에서 살아남는 정신이기 때문이다.

흔히들 영업 현장을 필드라고 부른다. 영업을 하는 곳이야말로 사활을 건 무한 경쟁이 벌어지는 곳, 전쟁터와 같은 곳이기 때문이다. 전쟁터에서 살아남으려면 잘 길든 순한 양 같아서는 곤란하다.

영업맨 정신은 무에서 유를 창조하는 개척자 정신이다. 위험을 무릅쓰는 탐험가 정신이다. 책상머리가 아닌 현장 중심의 정신이다. 어떤 난관을 극복하고라도 기필코 성과를 내고야 마는 목표 달성의 정신이다.

'30년 최씨 고집'을 내세운 우황청심원 CF로 유명한 광동제약 최수부 회장. 그분이 어느 신문과 한 인터뷰에서 이런 말을 했다.

"일자리가 없다는 대학생들은 마음에 드는 직장만 찾을 게 아니라 외판원이라도 해보는 것이 어떨까 합니다. 대학 졸업하고 영업 쪽에 들어와 무에서 유를 창조하는 경험을 하면 어떤 일도 할 수 있습니다. 우리는 신입사원을 채용하면 2년간은 영업 능력을 키우게 합니다. 이 시대에 필요한 것은 결국 영업맨 정신이 아닐까요."[56]

전적으로 동의한다. 정말이지 영업맨 정신이라면 무엇이든 할 수 있다. '안 되면 되게 하는' 불굴의 정신이기 때문이다.

영업은 힘들다. 직장인 가운데 "다른 것은 다 하겠는데 영업만은 못하겠다"고 말하는 이가 있는 데서도 그것이 얼마나 힘든지 증명한다(영업만은 못하겠다는 사람은 사실 멀티어라 할 수 없다). 영업은 단순히 육체적으로 힘든 것이 아니다. 복합적이다. 그래서 영업을 3D라고 하지 않던가.

'올 라운드 플레이어'가 되라

3D, 어디서 많이 들어본 용어일 것이다. 3D란 '3차원Three Dimensions, Three Dimensional'의 약자임과 동시에 힘들고Difficult 더럽고Dirty 위험해Dangerous 사람들이 회피하는 일이나 직업을 지칭하는 용어이기도 하다.

그런데 영업이 3D라고? 그렇다. 영업은 앞에서 소개한 두 가지

3D와 관계가 있기 때문이다. 무엇보다 3차원의 모든 역량을 입체적으로 발휘해야 할 수 있는 일이 영업이다. 나는 그렇게 해석한다. 그래서 이런 말이 있다. 손으로 일하는 사람은 '노동자', 손과 머리를 사용해서 일하는 사람은 '장인', 손과 머리와 가슴으로 일하는 사람이 '예술가'인데, 손과 머리와 가슴뿐만 아니라 발로 일하는 사람이 바로 '세일즈맨'이라고. 또 영업을 하려면 제품과 고객을 잘 알아야 하는 것은 물론이고 기획과 마케팅 등 다방면에 능통해야 한다. 즉 3차원을 넘어 '올 라운드 플레이어all round player'가 돼야 훌륭한 영업맨이 될 수 있다.

영업을 3D라고 하는 두 번째 의미는 영업을 하려면 힘들고 더럽고 위험한 것을 이겨내야 하기 때문이다. 영업이 얼마나 힘든 것인지는 세계적 세일즈 훈련가이자 성공철학자인 지그 지글러Zig Zigler의 말에 잘 나타난다. 자신의 책 『당신에게 사겠습니다』에서 영업(세일즈)의 어려움을 이렇게 말하고 있다.

"세일즈의 세계에서 당신은 함부로 취급당할 것이다. 면전에서 문을 쾅 닫고 이유 없이 당신의 전화를 끊어버리고 모임에서 당신을 피하기도 할 것이다. 사람들은 당신과 당신의 새로운 직업에 대해 쑥덕거리고 가족들은(심지어 당신 자신도) 당신이 제정신인지 의심할 것이다. 식당에서는 사람들의 비웃음을 살 것이다."[57]

그야말로 '아더메치(아니꼽고 더럽고 메스껍고 치사)'해도 그것을 극복하고 자신의 페이스를 잃지 않아야 영업에 성공할 수 있다. 그렇게 힘들다. 거꾸로 생각하면 그렇게 어렵고 힘든 것이기에 멀티어십의 요건이 되는 것이다.

당신이 전천후 특공대원 같은 멀티어가 되고자 한다면 영업력을 키워야 한다. 멀티어십을 발휘하려면 영업맨 정신으로 무장해야 한다. 어디서 어떤 일을 하든지 항상 고객의 입장에서 생각하고, 부지런히 손으로 정보를 찾고, 냉철한 머리로 작전을 짜고, 뜨거운 열정으로 발로 뛰어 기필코 팔고야 마는 영업 전사가 돼야 한다. 꼭 필드로 나가라는 말이 아니다. 언제나 필드에 있는 영업맨 같은 마음가짐과 태도로 일해야 한다는 말이다.

추진력: 책상머리 서생은 필요 없다

C레벨(Chief-level: 임원급)에게 반드시 필요한 네 가지 덕목은 업무 추진력, 리더십, 전략적 사고, 협력관계 구축이다. 세계 1위의 임원 스카우트 전문 헤드헌팅 기업인 이곤젠더Egon Zehnder International가 제시하는 인재 판별 기준이다. 나는 '업무 추진력'이 첫 번째 조건으로 거론된 것에 주목한다. 흔히 인재의 조건을 말할 때 창의력, 인성 등을 꼽는다. 물론 중요하다. 그러나 얼른 구체적인 느낌이 다가오지 않는 경우가 많다. 때로는 의례적 이야기, 한가한 말로 들리기도 한다.

목전目前의 현실을 감안한다면 뭐니 뭐니 해도 '추진력'이 일 잘하는 사람의 조건으로 제일이다. 왜 그럴까? 창의나 인성은 금방 눈에 띄지 않는다. 실적으로 나타나기 힘들거나 오래 걸린다. 그러나 추진력은 다르다. 눈에 두드러진다. 속효성이다. "꿩 잡는 것이 매"라는 말도 있다. 조직이 당장 달성해야 할 목표는 추진력에 의해 좌우된다.

가끔 언론을 통해 인사평을 접할 때가 있다. 언론에 보도될 정도라면 장·차관을 비롯해 큰 회사의 CEO 등 내로라하는 지위에 있는 사람들이다. 거의 빠짐없이 등장하는 표현이 있다. "뛰어난 업무 추진력" 운운하는 수사가 바로 그것이다. 추진력은 인재의 조건으로 그만큼 비중이 있다는 증거다. 단정적으로 말해 추진력이 미약한 사람이 한 조직의 중요 간부가 되거나 회사의 중역 이상으로 지위가 올라가는 예는 거의 없다.

추진력은 실행력의 바로미터다

추진력은 강한 실행력이다. 밀어붙이는 근성이다. 이렇듯 추진력은 인재의 자격이다. 멀티어십의 주요 요소다. 그것은 C레벨에게만 필요한 것이 아니다. 일반 사원이든 누구든 마찬가지다. 회사의 명령을 받들어 질풍 같은 추진력으로 목표를 이뤄놓는 사원이 우대받고 아낌을 받는 것은 당연하다.

그래서 회사는 사원들에게 무엇보다 강한 추진력을 요구한다. 목표를 달성하기 위해 선두에 서서 열심히 뛰어나갈 전사가 되기를 바란다. 책상머리에 앉아 입으로만 일을 하고 머리만 굴리는 '서생' 같은 사원이 환영받을 수 없다. 당신이 CEO라면 어떤 사원에게 점수를 더 줄 것인지를 생각해보라. 금방 결론이 난다. 추진력은 회사에 대한 실행력의 바로미터다. 충성심과 헌신성의 바로미터가 되기 때문이다.

회사나 상사로부터 멀티어십을 인정받으려면 무엇보다 목표 달성 실적이 있어야 한다. 공적이 분명해야 한다. 아무리 사통팔달·팔방미인의 멀티어라 하더라도 업무 추진 동력이 약해서 실적이 미약하다면 '빛 좋은 개살구'에 다름 아니다. 조직에서 효용 가치가 별로 없는 책상머리 서생에 불과하다.

실제로 당신 직장에도 그런 사람이 적지 않을 것이다. 좋은 학교를 나오고 심지어 해외 유학을 했거나 박사학위까지 갖고 있으면서도 실제 업무 추진에는 매우 취약한 사람이 있다. 책상에 앉아서 페이퍼 작업에 능하고 이론은 꿰뚫고 있다. 그런데 막상 거래처를 발굴하거나 수주를 받는 데는 맥을 못 추고 전전긍긍하는 이가 바로 그런 사람이다. 그렇다면 인재가 아니다. 아무리 여러 분야의 지식과 경험을 갖고 있는 '통섭형'이라 하더라도 진정한 의미의 통섭형도 멀티어도 아니다. 멀티어십의 조건에도 맞지 않는다.

인재는 양 날개로 비상한다

추진력이 강해야 조직으로부터 인정받고 성장할 수 있다. 추진력이야말로 경쟁력이다. 추진력은 실행력과 조금 다르다. 실행력은 단순한 실천과 행동의 의미, 특히 '시작'과 '시도'의 의미가 있는 것이다. 추진력은 밀어붙이는 돌파력이요, 목표지향이며, 리더십이다. 추진력은 동력이다. 에너지다. 목표가 설정되면 돌파해내는 근성이다. 회사로부터 목표가 주어지면 물불을 가리지 않고 밀어붙이는 용기 있는 행동력이다.

추진력을 갖추려면 의도적으로 밀어붙이는 근성을 키워야 한다. 난제에 정면으로 부딪칠 수 있는 용기가 필요하다. "성공하는 사람은 방법을 찾고 실패하는 사람은 핑계를 찾는다"는 말이 있다. 추진력 있는 인재가 되려면 핑계를 찾아서는 안 된다. 오직 방법만을 찾아야 한다. 조직의 명령에 부응해 목표 달성의 길을 찾아내야 한다.

모든 회사는 해마다 성취해야 할 목표를 제시한다. 그것을 위해 각 부서마다 담당해야 할 목표가 부여된다. 1년 동안에 달성해야 할 목표는 또다시 분기별, 월별로 세분해 배정된다. 그것은 엄중한 명령이다. 모든 조직원이 최선을 다해 이행해야 한다.

그러나 회사가 조직원에게 명령하는 목표가 언제나 합리적인 것은 아니다. 때로는 막무가내식 명령일 때도 있다. 어려운 환경을 극복하려면 어쩔 수 없다. 그것이 회사의 생리임을 이해해야 한다. 회사가 부여하는 목표가 버겁지 않은 해年는 결코 없다. 어떤 회사, 어떤 조직이든 힘겨운 목표를 세우기 마련이다. 손쉽게 달성할 수 있는 목표를 세우는 조직이라면 뻔하다. 느슨한 조직이다. 열정이 부족한 회사다. 결코 잘나가는 회사는 아니다.

경영자란 언제나 의욕에 불탄다. 그래서 때로는 거의 불가능할 것 같은 목표를 내세우게 된다. 목표가 주어졌을 때 조직원들의 입장에서 속으로 한숨을 내쉬게 되는 것도 바로 그래서다.

그러나 그 목표가 버겁다고 달성할 수 없는 핑계를 찾는다면 이미 인재가 아니다. 회사가 바라는 사람은 결코 아니다. 당신이 진정한 멀티어라면 일단 그 목표를 수용해야 한다. 할 수 없는 이유를 찾는 것이 아니라 해낼 수 있는 방법을 찾아야 한다. 찾고 또 찾으면 방법이 나온다. 아이디어가 떠오른다. 그것이 세상사의 이치다. 일의 원리다.

목표를 향해 밀어붙이다 보면 처음에는 돌파가 불가능할 것처럼 여겨지던 철벽에도 틈새가 있음을 발견하게 된다. 목표에 이르는 길이 점점 선명하게 보일 것이다. 목표에 도달하는 요령이 보인다. 그리하여 그 길로 뛰어들게 된다. 그래서 목표를 달성하게 된다. 이것이 추진력의 메커니즘이다.

당신의 추진력은 어느 정도인가? 추진력에 자신이 있는가? 자신 있는 대답이 힘들다면 당신을 더욱 강하게 연마해야 한다. 그래야 멀티어십의 조건에 다가갈 수 있다. 앞에서도 말했듯이 멀티어십은 '멀티'라는 말 그대로 복합적이다. 이론에도 밝아야 한다. 동시에 뚫고 나가는 추진력도 있어야 한다. 그래야 명실상부한 멀티어가 될 수 있다.

추진력은 있는데 이론에 약한 것도 문제다. 하지만 반대로 이론은 밝은데 추진력이 약하다면 그 또한 큰 문제다. 오히려 더 큰 문제가 될 수도 있다. 실제로 이룰 수 있는 것이 별로 없으니까.

인재는 양 날개로 비상飛上한다. 이론과 실천. 지식과 실행. 양 날개 중에서도 실행—추진력의 날개에 이상이 있지 않은지 점검해볼 필요가 있다. 회사는 추진력이 강한 인재를 선호하기 때문이다.

부지런하라, 그 앞에 장사 없다

멀티어십은 실행력이고 추진력이다. 그리고 그것들은 부지런함에서 나온다. 언제 어디서 무엇을 하든 제대로 할 수 있으려면 당연히 부지런해야 한다. 게을러서는 멀티어가 될 수 없음은 자명하다.

"부지런 앞에 장사 없다" "부지런함을 따를 장사는 없다"는 말이 있다. 아무리 힘센 장사라도 부지런한 사람을 이길 수 없다는 의미다. 부지런을 이야기하면 시대착오적이거나 촌스럽게 생각될지 모른다. 하지만 시대를 초월한 귀한 가치다. 실제로 세상에 큰일을 이룬 사람 중에 게으른 사람은 없다. 모두 초인적 부지런함을 갖고 있다.

부지런하다는 것은, 첫째 일을 꾸물거리거나 미루지 않고 적극적으로 열심히 하는 것이다. 아니, 미루거나 열심히 하는 것을 뛰어넘어 일을 만들어서 하는 것이다. 부지런한 사람은 일거리를 찾아 헤매는 것처럼 행동한다.

둘째, 부지런하다는 것은 일하는 시간이 많다는 것을 의미한다. 일을 만들어서 하려니 당연히 많은 시간을 일하는 데 투입할 수밖에 없다. 부지런한 사람은 항상 일과 더불어 있다.

셋째, 많이 움직이는 것이다. 책상머리에 앉아서 열심히 페이퍼 워크만 하는 것을 부지런하다고 하지는 않는다. 실제로 그런 사람이 많다. 물론 연구직처럼 일의 성격이나 자리에 따라서는 머리 쓰는 일에만 부지런한 경우도 있겠다. 하지만 일단 부지런하다는 것은 움직이는 것이다. 행동하는 것이다.

넷째, 부지런하다는 것은 1인 다역을 하는 것이다. 멀티플레이를 하는 것이다. 직장에서 이일 저일 참견하라는 것이 아니다. 투잡two job을 하라는 말도 아니다. 자신에게 주어진 역할이 여러 가지라면 그것에 최선을 다하라는 말이다. 직장 일에만 열심이면서 가장으로서 또는 주부로서 역할을 다하지 못한다면 결코 부지런하다고 할 수 없다. 일당백의 멀티어십을 발휘하려면 어쩔 수 없이 여러 사람 몫을 해내지 않으면 안 된다.

다섯째, 부지런하다는 것은 여러 가지 일을 하는 것이다. 회사 일에만 매달리는 것이 아니라 인맥 형성에도 열심이고 자기계발에도 열심이며 체력 관리와 여가생활에도 열심일 때 우리는 그를 부지런하다고 평가한다.

게을러서는 아무것도 못 이룬다

부지런함을 강조하는 것은 옛날 개발 시대의 이야기라고? 지금은 시대가 바뀌었다고? 그런 반론을 펴는 것은 아직도 부지런함을 '새벽에 일찍 일어나는' 정도로 이해하기 때문이다.

"그는 지금도 자신을 유명하게 해준 '시골의사'라는 필명으로 불리지만 더 이상 주식 전문가만은 아니다. 매일 아침 2시간씩 라디오 방송, 주 1회 TV 프로그램을 진행하는 방송인이고, 신문·잡지에 고정 칼럼을 15개 쓰는 칼럼니스트다. 전국을 누비며 하는 강연이 월평균 30건이고, 토요일엔 안동의 병원에 내려가 진료한다. 그러고도 1년에 1~2권씩 베스트셀러를 낸다. 초인적인 부지런함이다."[58]

한 주간지에 실린 그의 일과다. 누가 이렇게 초인적으로 부지런하냐고? '시골의사'라는 표현에서 눈치챘을 것이다. 이 시대의 지성 중 한 사람으로 꼽히며 특히 젊은이들에게 많은 교훈과 영감을 줘 인기가 높은 박경철 씨 이야기다. 어떻게 그 많은 일정을 소화하느냐는 질문에 그는 이렇게 답했다.

"2000년 0시를 기해 다섯 가지를 끊었습니다. 술, 담배, 골프, 여자, 도박입니다. 여기서 여자는 유혹, 도박은 부당한 이득을 뜻합니다. 이 중 금연이 마지막까지 잘 안 되더군요. 그래도 술 안 먹고 골프 안 하고 딴마음 안 먹으니까 시간이 많이 남아요. TV는 원래 안 보았고요. 그 시간에 책 보고 글 쓰고 하는 거죠. 매년 10월에 책 한 권씩 내는 게 제 목표이기 때문에 매일 200자 원고지 20~30장 분량의 글을 써서 따로 저장해둡니다."

점입가경이다. 말 그대로 1인 다역을 하고 있다. 1일 24시간을 완벽하게 활용한다. 이렇게 부지런한 사람이기에 가장 싫어하는 말이 "시간이 없다"는 말이라고 한다. 그의 이야기를 들으면서 "왜 책을 읽지 않느냐?"는 질문에 "바쁘고 시간이 없어서"라고 답한 직장인들이 떠올랐다. 이것이야말로 핑계 같지도 않은 핑계다.

아무쪼록 실행력 강한 사람이 되라. 그러기 위해 부지런하라. 부지런함이 멀티어십이다. 부지런함은 당연히 성실함과 표리의 관계에 있다. "성실하지 않은 사람이 부지런하면 재앙"이라는 유머가 있듯이 성실이 뒷받침된 부지런함을 보여주기 바란다. 그러면 당신은 멀티어의 자격을 갖추고 멀티어십을 발휘할 수 있다. 안일하고, 태만하고, 나태하고, 게을러서는 인재가 될 수 없다. 멀티어십을 형성할 수도 없다. 아무것도 이루지 못한다.

당신 자신을 '통섭'해 멀티어가 되라

자, 책을 다 읽은 소감이 어떻습니까? 이제는 회사가 언제 어디서 어떤 임무를 맡기든 긍정으로 받아들여 적극적으로 일할 것 같습니까? 멀티어와 멀티어십이라는 개념을 알게 됐기에 그럴 수밖에 없습니까? 그럼 됐습니다. 이 '멀티어십론論'의 최대 강점이 바로 그것입니다.

멀티어십의 일곱 가지 핵심 역량을 하루아침에 갖출 수는 없을 것입니다. 하지만 일단 어떤 일, 어떤 임무든 그것을 피하지 않고 긍정하며 적극적으로 받아들이겠다는 마음 자세를 갖는 것만으로도 멀티어십의 절반은 성공입니다. 그런 정신 자세라면 핵심 역량을 갖추는 일은 시간 문제입니다.

멀티어십! 언제 어디서 어떤 일을 하든, 즉 직장에서 어떤 역할과 임무를 부여받든 제대로 해낼 수 있는 복합적 능력과 정신 자세입니다. 기업이 원하는 인재의 모럴과 패러다임은 바로 그것입니다.

'융복합'이니 '통섭'이니 하는 현란한 용어 구사와 거창한 학문적 정의도 기업의 입장에서는 무지개 같고 꿈같은 이야기입니다. 젊은 이들로서는 취업할 만한 곳이 없다고 아우성입니다. 하지만 기업으로서는 쓸 만한 사람, 일 잘하는 사람, 인재다운 인재가 없다고 푸념합니다.

학문적·교과서적 인재상과 기업이 원하는 인재상은 다릅니다. 대기업이 바라는 인재와 중소기업이 바라는 인재도 다릅니다. 그것이 현실입니다. 나는 그 '현실'을 바탕으로 우리 직장인이 어떤 기준으로 일해야 하는지를 깊이 생각했습니다. 그런 궁리 끝에 탄생한 것이 멀티어십입니다.

이쯤에서 불만을 말하는 사람도 있을 것입니다. "나에게 회사의 요구에 순응하는 회사형 인간이 되란 말이냐?"고 말입니다. 당연히 그래야 합니다. 회사에 다니는 사람이 회사형 인간이 되는 것은 당연합니다. 직장에 있는 한 그래야 합니다. 직장은 독립운동을 하는 곳이 아닙니다. 만약 당신이 회사의 요구에 따르기 싫다면 불평불만 속에 인생을 낭비할 것이 아니라 정말로 독립해야 합니다. 당신의 길을 가야 합니다. 그곳을 떠나는 것이 회사에도 좋습니다. 당신에게도 좋습니다.

그러나 한 가지 꼭 기억할 것은, 멀티어십을 갖춘 멀티어가 돼야 회사를 떠나 독립된 다른 길을 가더라도 성공할 수 있다는 사실입니다.

멀티어십의 일곱 가지 핵심 역량을 공부하고 나면 의문이 들 것입니다. 첫째는 그 일곱 가지가 전부냐는 의문입니다. 당연히 아닙니다. 멀티어십의 조건과 구성 요소를 찾으려 하면 끝이 없습니다. 직장인이 갖춰야 할 모든 것이 다 동원될 수 있습니다. 그러나 그것은 초점을 흐리는 것이며 실행에 옮기기가 불가능합니다. 필요도 없습니다. 나는 여러 자료를 탐색하고 그동안 만났던 경영인들과 나눈 대화를 토대로 되도록 가장 적은 조건, 즉 핵심 요소만을 뽑아 다뤘을 뿐입니다.

다음으로는 비록 일곱 가지 역량에 불과하다지만 그 조건을 다 갖추려면 결국 '만능인'이 돼야 하는 것 아니냐는 의문입니다. 그렇습니다. 지금은 만능인을 필요로 합니다. 만능인에 가까이 갈수록 인재로 대접받게 됩니다. 그래서 '멀티'가 새로운 시대, 미래의 키워드입니다.

예전에는 한 우물만 파기를 강조했습니다. 심지어 "열두 가지 재주에 저녁거리가 간데없다"는 말까지 했습니다. 지금의 표현으로 바꾸면 "멀티하면 밥 굶기 딱 알맞다"는 이야기가 됩니다.

그러나 세상이 바뀌었습니다. 확 바뀌고 있습니다. 이름 하여 '통섭의 시대'입니다. 이런 상황에 적응하기 위해서는 당신 스스로 '통섭해야' 합니다. 멀티해야 합니다. 그것이 멀티어십입니다.

다시 강조합니다. 멀티어십은 종적으로는 리더십과 팔로어십을, 횡적으로는 스페셜리스트와 제너럴리스트를 융복합(통섭)한 것입니다. 그리고 고령화 시대의 직업 이동에 대비하는 것입니다. 새로운 시대에 직장인들이 지향해야 할 새로운 목표입니다. 가치입니다. 패러다임입니다.

아무쪼록 그것을 잘 받아들이시기 바랍니다. 시대의 흐름과 변화에 빨리 적응할수록 경쟁력은 강화됩니다.

'멀티어십'이 당신의 직장생활과 삶에 창조적 전기轉機가 되기를 기원합니다.

주

1) 박영숙, 『당신의 성공을 위한 미래뉴스』, 도솔, 2008.

2) 다니엘 핑크 지음, 김명철 옮김, 『새로운 미래가 온다: 미래 인재의 6가지 조건』, 한국경제신문사, 2012.

3) 1993년 8월 31일 미국 라디오 NPR과 한 인터뷰에서.

4) 말콤 글래드웰 지음, 노정태 옮김, 『아웃라이어: 성공의 기회를 발견한 사람들』, 김영사, 2009.

5) 김성회, 「신세대 품으려면 '소통'의 멍석부터 깔아라」, 『이코노믹리뷰』, 2011. 10. 5.

6) 안철수, 『CEO 안철수, 지금 우리에게 필요한 것은』, 김영사, 2004.

7) 마이클 A. 쿠스마노 지음, 삼성경제연구소 옮김, 『마이크로소프트의 비밀』, 삼성경제연구소, 1997.

8) 에드워드 윌슨 지음, 최재천·장대익 옮김, 『통섭: 지식의 대통합』, 사이언스북스, 2005.

9) 최재천의 「옮긴이 서문」에서(에드워드 윌슨, 위의 책).

10) 다니엘 핑크, 위의 책.

11) 리처드 루드번스타인·미셸 루드번스타인 지음, 박종성 옮김, 『생각의 탄생: 다빈치에서 파인먼까지 창조성을 빛낸 사람들의 13가지 생각도구』, 에코의 서재, 2007.

12) 유영만, 『체인지(體仁知): '경계'를 넘어 '경지'에 이르는 지식의 보물지도』, 위너스북, 2012.

13) 다니엘 핑크, 위의 책.

14) 유영만, 위의 책.

15) 이어령의 「추천의 글」에서(리처드 루드번스타인·미셸 루드번스타인, 위의 책).

16) 정진홍, 『인문의 숲에서 경영을 만나다』, 21세기북스, 2008.

17) 조관일, 『1인 혁명가가 되라: 무엇이 내 인생을 최고로 만드는가』, 위즈덤하우스, 2011.

18) 김덕수, 『맨주먹의 CEO 이순신에게 배워라』, 밀리언하우스, 2004.

19) 박서원, 『생각하는 미친놈: 세상을 유혹하는 크리에이터 박서원의 미친 발상법과 독한 실행력』, 센추리원, 2011.

20) 김윤덕, 「이건희 회장도 탐낸 중졸의 요리사」, 『조선일보』, 2012. 12. 29.

21) 조관일, 위의 책.

22) 백기락, 『더 늦기 전에 배워야 할 서른 살 리더십: 역사 속 9인의 리더에게 배우는 평생 경쟁력』, 라이온북스, 2010.

23) 에리히 프롬 지음, 차경아 옮김, 『소유냐 존재냐』, 까치, 2007.

24) 존 우든·스티브 제이미슨 지음, 박기영 옮김, 『조직을 성공으로 이끄는 우든의 리더십』, 이지북, 2006.

25) 김지영, 「학벌보단 능력 됨됨이 '사람 경영'이 건강 조직 만들어−ABLA 인재경영상 첫 수상 이석채 KT 회장」, 『신동아』 640호, 2013. 1.

26) 미하이 칙센트미하이 지음, 이희재 옮김, 『몰입의 즐거움』, 해냄, 2007.

27) 강신장, 『오리진이 되라: 운명을 바꾸는 창조의 기술』, 쌤앤파커스, 2010.

28) 제임스 L. 애덤스 지음, 이미숙 옮김, 『잠자고 있는 창조성을 깨우는 아이디어 대폭발』, 21세기북스, 2012.

29) 유석환, 『가가와 싸이처럼 금기를 깨라: 터부 매니지먼트』, 21세기북스, 2012.

30) 아트 아크먼 지음, 박상진 옮김, 『스마트 싱킹: 앞서 가는 사람들의 두뇌습관』, 진성북스, 2012.

31) 권대우, 「2010년 12월 31일까지 행복하기」, 『아시아경제』, 2010.

32) 에드워드 할로웰 지음, 곽명단 옮김, 『창조적 단절: 과잉정보 속에서 집중력을 낭비하지 않는 법』, 살림Biz, 2008.

33) 박서원, 위의 책.

34) 올리버 버크먼 지음, 김민주·송희령 옮김, 『행복중독자: 사람들은 왜 돈 성공 관계에 목숨을 거는가』, 생각연구소, 2012.

35) 강홍렬 외, 『메가트렌드 코리아: 21세기, 우리 앞의 20가지 메가트렌드와 79가지 미래 변화』, 한길사, 2006.

36) 서광원, 「달리기의 천재 치타가 슬픈 이유」, 『조선일보』, 2010. 4. 3.

37) 손영우, 『전문가, 그들만의 법칙』, 샘터사, 2005.

38) 조엘 오스틴 지음, 정성묵 옮김, 『긍정의 힘: 믿는 대로 된다』, 두란노, 2005.

39) 한규란, 「구자균 LG산전 부회장 "긍정 바이러스 지닌 이매지니어 뽑겠다"」, 『이데일리』, 2012. 9. 26.

40) 한홍, 『거인들의 발자국: 무엇이 리더를 리더 되게 하는가』, 비전과리더십, 2004.

41) 잭 웰치 지음, 이동현 옮김, 『잭웰치: 끝없는 도전과 용기』, 청림출판, 2001.

42) 팀 어시니 외 지음, 김환영 옮김, 『세일즈맨이여, 가면을 벗어라』, 이코폽, 2006.

43) 정진홍, 위의 책.

44) 김봄이, 「소모적 출퇴근 압박 없는 '스마트워킹' 새바람⋯KT」, 『매일신문』, 2012. 11. 16.

45) 다니엘 핑크, 위의 책.

46) 조관일, 『직장을 떠날 때 후회하는 24가지: 회사는 언젠가 당신을 배신한다』, 위즈덤하우스, 2011.

47) 김윤덕, 「진짜 사나이는 녹슬지 않는다」, 『조선일보』, 2011. 11. 12.

48) 이시형, 『공부하는 독종이 살아남는다: 당신의 미래는 오늘 무엇을 공부하느냐에 따라 달라진다』, 중앙북스, 2009.

49) 이영석, 『인생에 변명하지 마라: 돈도 빽도 스펙도 없는 당신에게 바치는 '이영석' 성공 수업』, 쌤앤파커스, 2012.

50) 김영식, 『10미터만 더 뛰어봐: 한 달 벌어 한 달 먹고사는 당신을 위한 인생의 반전』, 중앙북스, 2008.

51) 이민규, 『실행이 답이다: 생각을 성과로 이끄는 성공 원동력 20』, 더난출판사, 2011.

52) 조관일, 『저질러라, 꿈이 있다면: 아직도 머뭇거리는 그대에게』, 쎄오미디어, 2011.

53) 필 스터츠·배리 미첼스 지음, 이수경 옮김, 『툴스: 그들만 알았던 부와 행복의 5가지 절대 도구』, 2012.

54) 톰 피터스 지음, 최은수·황미리 옮김, 『리틀 빅 씽: 사소함이 만드는 위대한 성공

  법칙』, 더난출판사, 2010.

55) 박용선, 「영업력으로 승부하라」, 『서울경제신문』, 2005. 5. 10.

56) 이제경·박수호, 「최수부 광동제약 회장 '지금 필요한 건 영업맨 정신'」, 『매경이코
  노미』, 2009. 1. 14.

57) 지그 지글러 지음, 안진환 옮김, 『당신에게 사겠습니다』, 김영사, 2005.

58) 이종탁, 「'시골의사'로 유명한 경제평론가 박경철」, 『위클리경향』831호, 2009. 6. 30.

전 사원을 '전천후 요격기,
특공전사의 정신'으로 무장시키자!
기업교육의 새로운 지평을 연다!

이 책을 바탕으로 개발된 교육 프로그램을 다음과 같이 운영합니다. 사원들에 대한 '멀티어십' 교육훈련을 도입하고자 하는 기업은 아래 내용을 참조해 신청하시면 됩니다.

■ 프로그램의 특징

– 액셈XSEM: Excellent Self-Management 기법에 의한 자기혁신 프로그램

– 리더십과 팔로어십을 뛰어넘는 통섭 시대의 멀티 역량, 뉴 패러다임

– 자기 점검, 역량 체크, 강의, 실습, 토론 등으로 진행

– 기업과 수강자 특성을 감안한 '맞춤 교육' 실시

■ 교육 목표와 내용

– 언제 어디서 어떤 임무를 부여받든 탁월하게 해낼 수 있는 '멀티어' 육성

– '전천후 요격기, 특공 전사'의 정신 자세 함양

– 이 책에서 제시한 '멀티어십' 핵심 요소 일곱 가지 중심의 교육
   과 체화
– 의식과 행동 혁신

■ 교육 대상과 시간

– 교육 대상: 전 사원(일반 사원, 간부, 임원)
– 시간: 1. 특강 2~3시간
　　　　 2. 정규 프로그램 4~12시간(기업 사정에 따라 조정 가능)

■ 강사와 교육 문의

– 조관일 창의경영연구소(http://www.imcenter.co.kr)

KI 신서 4894

멀티어십

1판 1쇄 인쇄 2013년 4월 12일
1판 1쇄 발행 2013년 4월 16일

지은이 조관일
펴낸이 김영곤 **펴낸곳** (주)북이십일 21세기북스
부사장 임병주 **출판콘텐츠기획실장** 안현주
문학팀장 정혜원 **브랜드기획팀장** 이현정 **기획** 손인호 오미현 **디자인 표지** twoes **본문** 네오북
마케팅영업본부장 이희영 **출판영업** 이경희 정경원 정병철
광고홍보 김현섭 김다영 강서영 **프로모션** 민안기 최혜령 김해나 이은혜

출판등록 2000년 5월 6일 제10-1965호
주소 (우 413-756) 경기도 파주시 회동길 201(문발동)
대표전화 031-955-2100 **팩스** 031-955-2151
이메일 book21@book21.co.kr **홈페이지** www.book21.com
트위터 @21cbook **블로그** b.book21.com

ⓒ 조관일, 2013

ISBN 978-89-509-4835-1 03320
책값은 뒤표지에 있습니다.